コップひとつからはじめる

自給自足の野菜づくり百科

文・イラスト　はたあきひろ

Contents

第2章 小さな庭先ではじめる自給自足

第3章 畑を借りてはじめる自給自足

第4章 都会で自給自足する魅力

世界一わかりやすくてシンプルな方法 はたさんおすすめの野菜30種類の育て方

葉菜類

果菜類

根菜類

はじめに

自給自足をしたい！　だけど、無理だろうな～と思ったことはありませんか？

でも考えてみてください。私たちの身近にいるスズメやトンボやミミズなど、この地球上の生き物たちは植物も含め、みんな基本的に自給自足スタイルで生きています。**結論からいいますと、自給自足はそんなに難しいことではありません**。

この本には農家出身でもない私が、マンションの10階で、プランターひとつでネギ栽培から始めた自給自足ノウハウをイラスト入りでわかりやすく解説しています。ですから農業や園芸の知識がない人でも、自給自足に向けた暮らしを**今日からスタートすることができます**。「お味噌汁やラーメンに使う細ネギだけでも自給してみよう！」と考えるだけでもワクワクしてきませんか。

生き物たちは食を確保するために多くの時間を費やしています。食が確保できなければ、命の保証がないからです。われわれが「自給自足をしたい！」と思う気持ちは命を守る本能的な欲求の現われかもしれません。ただ、多くの人々はそう考えつつも仕事や余暇などに時間を優先し、食の確保は人にゆだねています。**私は家庭内自給率１％からスタートし、徐々に割合を高めていきました。１００％のはじめは１％からです。**私は当初食の確保だけを目指して始めたわけですが、それが達成してくると予想もしなかったことに、家族の命を守れているという大きな安心感が生まれました。少し大袈裟なようですが、**食の自立は、精神の自立をもたらしてくれた**ようです。

私は**「人生やるか、やらないか、ただそれだけ」**と3人のわが子によくいいます。考えることはだれでもできます。ただし実践しなければ、成功も失敗も思わぬ進展もありません。あなたに少しの行動力があれば、もう大丈夫！　この本を手に取っていただいたことも大きな一歩です。さあ！　一緒に野菜を育てましょう！

はたあきひろ

1967年生まれ。奈良市で家族5人分のお米と野菜を作り、自給自足生活を実践している。大手住宅メーカーの研究所や本社に23年間勤めた後、独立。現在は人と人、人と自然のつながりを大切にし、毎日丁寧に暮らすことを提案する『庭暮らし研究所』の代表。NHK総合テレビ「ぐるっと関西おひるまえ」では、野菜づくり講師として毎月出演。NHK出版ウエブ「みんなの趣味の園芸」でブログ発信。著書「現役サラリーマンの自給自足大作戦」（家の光協会）、「ペットボトルからはじめる水耕栽培とプランター菜園」（内外出版社）。

Lesson 01 - 07

第1章

コップひとつからはじめる自給自足

Lesson 01 まったくの初心者でも大丈夫！

まず、みなさまにお伝えしたいのは、「自給自足」は「農業」ではないということです。

みなさまご存知の通り、農業は第一次産業で、従事されている方は生業としてお米や野菜を作って、消費者に販売されています。一方、自給自足はどうでしょうか？　生産者＝消費者です。野菜などを商品として納品する必要がないので、品質や大きさなどの規格は、自分自身がＯＫならそれで大成功！　１００点満点なのです。スーパーでは決して見ない小さなブロッコリーでも、「今年のブロッコリーはかわいいね～」などと、食卓でアイドルになることだってあるのです。

野菜もわれわれと同じで生きようとする命があります。育てる人が専門家であろうとなかろうと、野菜たちは何とか発芽しよう！　葉を茂らせよう！　実を付けよう！　とします。まず、その生命力を信じてください。**まったくの初心者でも、枯らさないように水やりなどをすれば、何かは収穫できます。**

ちなみに、私の野菜づくりの先生は明治42年生まれの祖母です。祖母は京都市内に住んでいて貸し農園を借りていました。農業や園芸の学校や専門学校に行ったこともなければ、野菜づくりの本を読むこともしませんでしたが、立派なダイコンやハクサイを作っていました。私は小学校3年生の頃から見よう見まねで野菜づくりをしていましたが、その頃からトマトやナスやキュウリを収穫して、家族に褒められた記憶があります。褒められることも長続きをすることにつながるのかもしれません。

わが家の自給自足菜園のキャベツやハクサイたち

Lesson 02
超カンタンなネギの室内水耕栽培

まずはマンションやオフィスなどの室内でもできる**超カンタンなネギの水耕栽培**です。水耕栽培だからプランターや土を購入する必要もありません。野菜づくりが初めての方は、**野菜の生命力を感じてみてください。**一度この生命力を実感すると、今後の野菜のお世話が楽になります。ぜひチャレンジしてみてください。**小さな成功体験が自給自足の原動力となりますよ。**

ネギの水耕栽培

準備するもの

1. スーパーで買ったネギ
2. 小さめのガラスコップ
3. 液肥（ハイポネックス原液）

手順

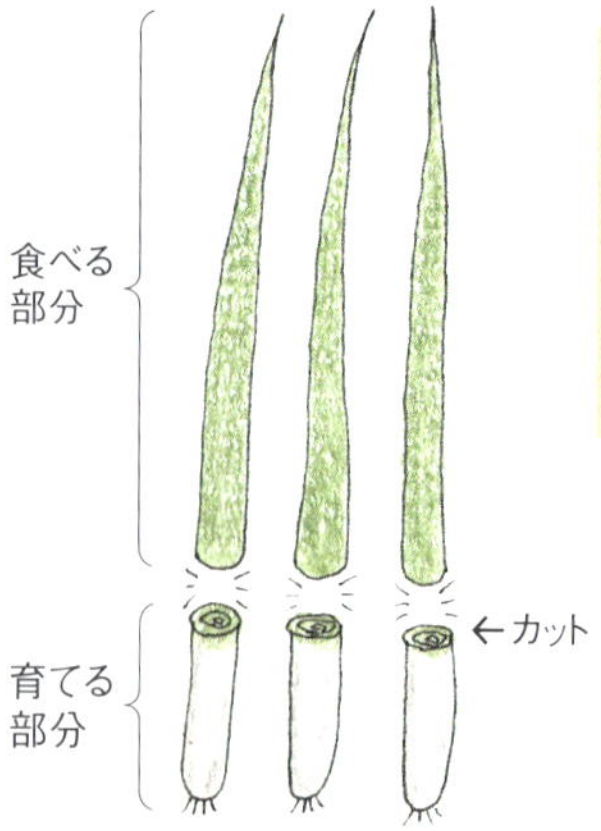

① 買ってきたネギの根っこ部分を長さ7～8㎝で切る（上部は食べてください）

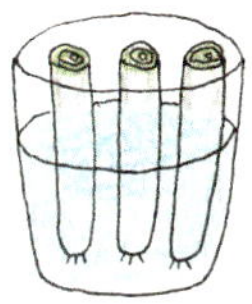

2 ガラスのコップに水道水を深さ5cm入れる

3 切ったネギ3～4本をコップの中に入れる

4 キッチンのカウンターや、オフィスのマイデスクの上に置く

5 可能であれば、時々窓辺の日に当てる

6 毎日、水道水を入れ替える

7 元の長さまで成長したら、切り戻して収穫する

8 これの繰り返し

9 成長が悪くなったら、液肥を1週間に1回1滴でいいのでコップの中に入れる

※液肥を多めに与えると、病害虫が発生したり枯れたりしますので適量は守ってください。

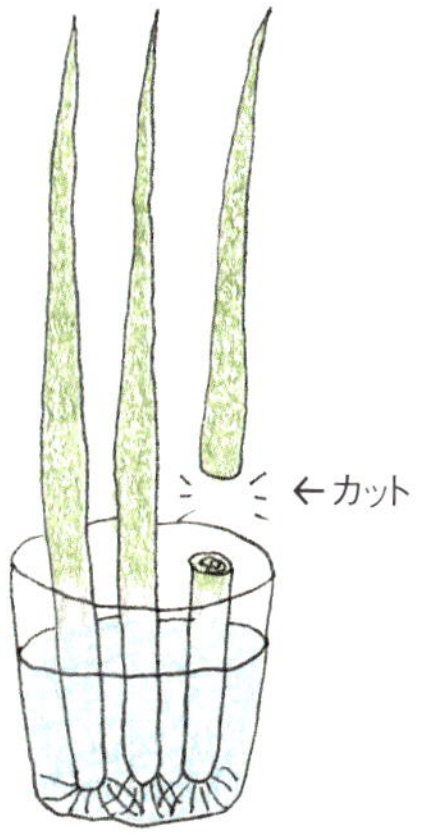

観察のポイント

1

ネギを栽培し始めた翌日から成長は始まっています！ **切り口に注目してください。**

2

切り口をふさごうとする**自然治癒力を観察してください。**

3

日光や照明の方向に向かおうとします。**ネギが光を感じていることを観察してください。**

Lesson 03 ネギをプランターで育てる！

20年前、私の**自給自足の出発点は、**マンションの10階で始めた**ネギのプランター栽培です。「千里の道も一歩より」**。**どんなことでも最初があるのです。**その当時は夫婦共働きで、家でゆっくり食事をするのは、休日の土日のみでした。一週間前に収穫して食べたネギが、次の休日にまた大きくなっているので、細ネギを買うことはありませんでした。**「他の野菜も同じようにすればいいんだなぁ～」なんて考えながら都市部のマンションで収穫を楽しんでいました。**

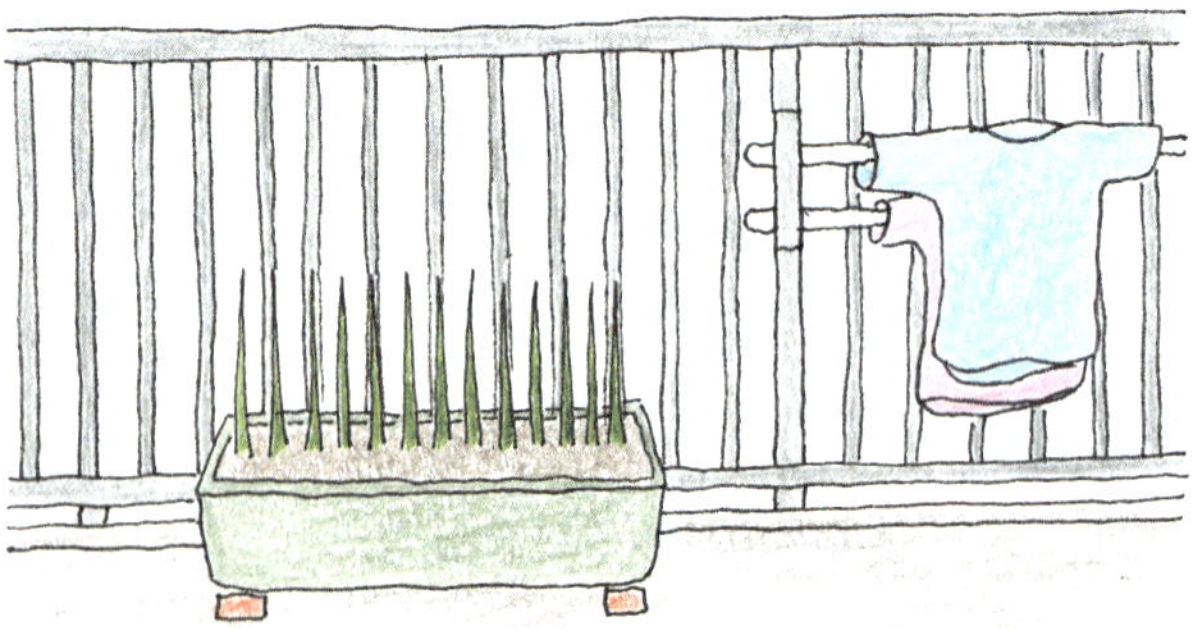

ネギのプランター栽培

準備するもの

❶ プランター

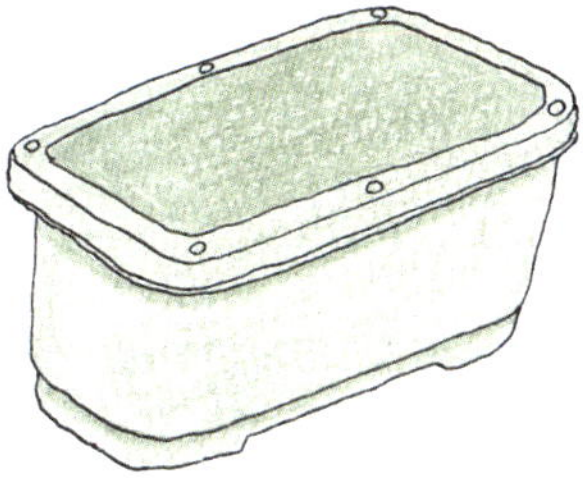

深さ10㎝あればOK（菜園用深型プランターは不要）

❷ 赤玉土

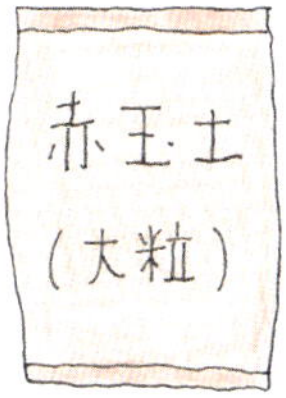

大粒のものを購入する

❸ バーク堆肥

❹ 園芸用土

25リットルで600円以上の土（安価な土は野菜が健全に育たない）

❺ 割りばし

植え穴をあけるときに使う

❻ 土に混ぜる緩効性肥料

ゆるやかに長く効く肥料。代表的なものがマグァンプK（中粒）

❼ 液肥（ハイポネックス原液）

手順

① プランターの底が見えなくなる程度の赤玉土（大粒）を入れる。赤玉土は鉢底石(排水性を高める)の代わりになる。鉢底石は土をリフレッシュするときに土と分ける手間が発生するが、これなら土に混ぜ込むことができて便利

※土のリフレッシュ法に関しては、Lesson7（P.32）で詳しく解説しています。

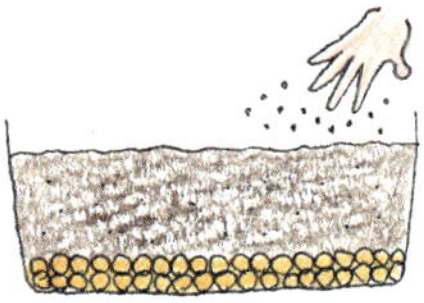

② プランターの8分目まで園芸用土を入れる。マグァンプKの中粒をプランターの大きさに合わせて園芸用土に混ぜ込む。長さ65cmのプランターならひと握りの肥料が目安

③ 鉢底から水が流れ出るまで、たっぷり水やりをして、土を湿らせる

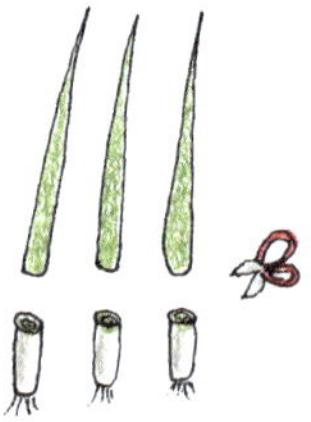

④ 買ってきたネギの根っこ部分を長さ5cm程度で切る。（上部は食べる）

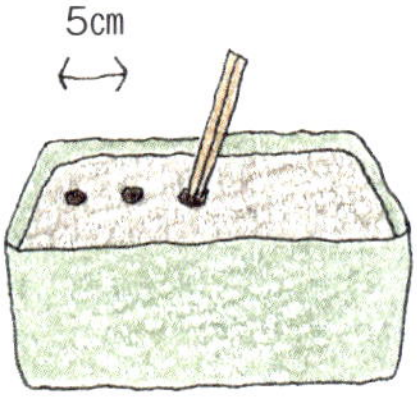

⑤ 割りばしを使って約3cmの穴を5cmピッチであけていく

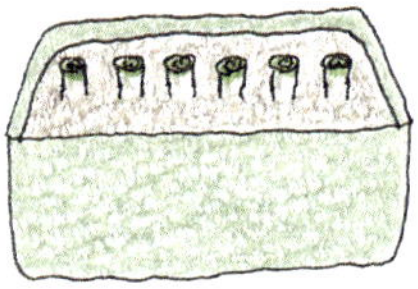

⑥ 切ったネギを深さ約3cmの穴の中に入れ、根と土を密着させる

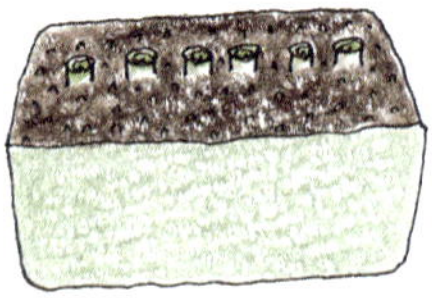

⑦ バーク堆肥を厚さ1cm程度敷き詰める。バーク堆肥は、急激な乾燥の防止と地表面の撥水を防ぐ

8 最後にやさしく水やりをして、一日4〜5時間以上日の当たる場所に置く。プランターをレンガなどの上に置くと、風通しが良くなり、ナメクジやダンゴムシの発生を防ぐことができる

9 地表面が乾いたら、鉢底から流れるまでたっぷりと水やりを行う

10 成長したら、育て始めた長さに切り戻し、収穫する

11 地表面が乾いたら水やりし、成長したら収穫する。これの繰り返し

12 成長が悪くなったら、液肥を1週間に1回水やりの代わりに与える

※液肥を多めに与えすぎると、病害虫が発生したり枯れたりする

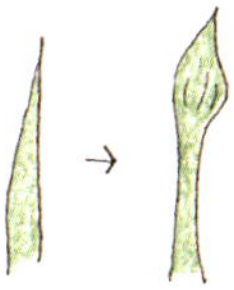

13 ネギに花芽が付き出したら、新しいネギを買って植え替える

観察のポイント

1

ネギは比較的病害虫の少ない野菜です。アブラムシなどが発生したときは、**肥料の与えすぎ**か、**水のやり過ぎ**を疑ってください。**肥料は説明書通り**に、**水やりは地表面が乾いてから鉢底から流れるまでたっぷり**を守ってください。もしもアブラムシが発生した場合は、そのまま育てるのをあきらめて、土をリフレッシュ（P.34）してから、新しいネギに植え替えてください。

2

風通しが悪い場所では、植え穴のピッチを10cmにしてください。

3

地表面のバーク堆肥は2〜3カ月に1回、上から追加して敷いてください。

Lesson 04 有機なら粉状の醗酵《はっこう》油かすとバーク堆肥のみでOK

ホームセンターや園芸店の肥料売り場に行くと、多種多様な商品が所狭しと並んでいます。何を買ったら良いか迷ってしまいますよね。**ここでも結論からいうと、**私は9年間出演しているNHKテレビ番組でも、有機肥料なら「粉状の醗酵油かす」しか使っていません。また、土壌改良材は「バーク堆肥」のみです。トマトの肥料やイチゴの肥料など、野菜の種類ごとの肥料もありますが、**すべての野菜は「粉状の醗酵油かす」と「バーク堆肥」で作ることができるのです。**

粉状の醗酵油かすは東商やJOYアグリスなど、**有名肥料メーカーの商品を使ってください。**

醗酵が不十分な醗酵油かすの場合、野菜の根に悪影響を与えま

粉状醗酵油かす

す。会社の信用問題に関わってくるので、有名肥料メーカーは、いい加減な商品は、まず作りません。大型量販店のＰＢ（プライベートブランド）商品は、低価格なところが魅力的なのですが、私はおすすめできません。また、醗酵油かすには粉状のほかに小粒、中粒、大粒とありますが、野菜づくりには粉状をおすすめします。多くの野菜は種を蒔いてから数カ月で収穫期を迎えます。化成肥料より即効性が出にくい有機肥料を使って、短期勝負の場合は、土に馴染み、**肥料効果が早く出てくる粉状の醗酵油かすが最もおすすめです。**

バーク堆肥とは、樹皮（バーク）を粉砕したものに、牛糞などの有機物と微生物などを混ぜて堆肥化した土壌改良材です。**バーク堆肥はできるだけ高価なものを購入してください。**安価なものは袋を開けた瞬間に、悪臭や家畜の糞尿の臭いがします。**森の腐葉土のような香りが理想です。**品質に不安な場合は、バーク堆肥をビニールポットに入れ水で十分灌水してから、二十日大根の種を蒔いて育ててみてください。順調に育てば問題ありません。

「粉状の醗酵油かす」と「バーク堆肥」の使い方に関しては、「はたさんおすすめの野菜30種類の育て方（P．112〜）」をご覧ください。

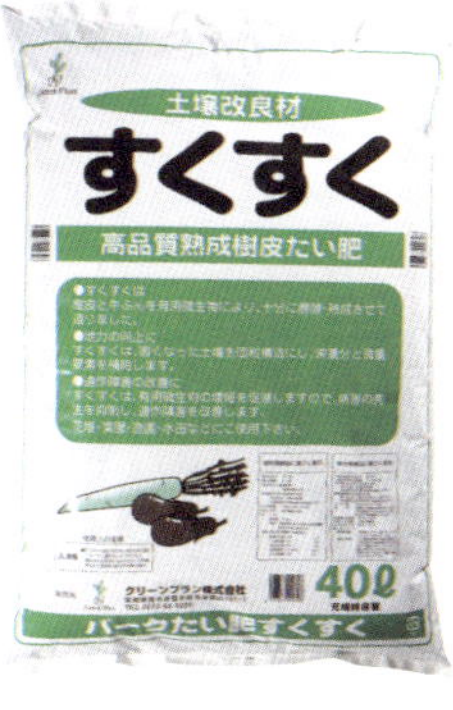

バーク堆肥

Lesson 05

まずはプランターひとつを1年間続けてみる

次は**プランターひとつでもこんなに収穫できる！　を体感**してみてください。もちろんLesson3のネギプランターだけでもOKです。ネギはいつでも始められますし、暑さ寒さにも強いので、年間通じて継続できます。ここでは、プランターひとつでも間を開けることなく、季節ごとに種類を変えていきながら、どのくらい収穫できるのかを知っていただきたいのです。仕事や家事や介護などで**忙しくなったら、すぐにお休み（休耕）**するつもりで気軽にスタートしてみましょう。できる限り**手間のかからない1年間の植付けサイクル**を考えました。P22～P23をご覧ください。3月から12月まではプランターひとつあれば、いつでも始めることができます。

プランターひとつで野菜づくりを始める

準備するもの

❶ アイリスオーヤマのエアーベジタブルプランター

私のイチオシのプランターです。

幅約53×奥行35.5×高さ約26㎝

❷ 園芸用土

25リットルで600円以上のもの

❸ 粉状の醗酵油かすか緩効性化成肥料マグァンプKと液肥（ハイポネックス原液）

❹ バーク堆肥

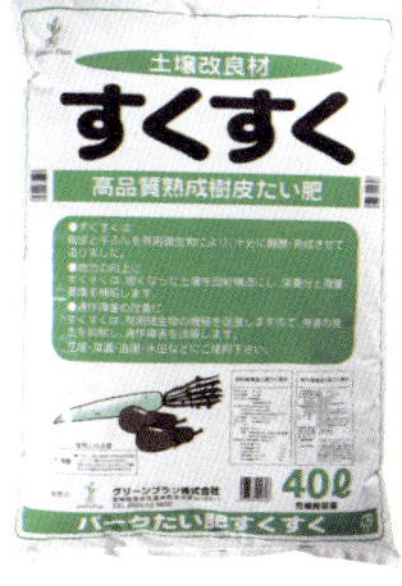

❺ 野菜苗や種イモ

3月スタートの方は

ジャガイモを植え付けましょう！

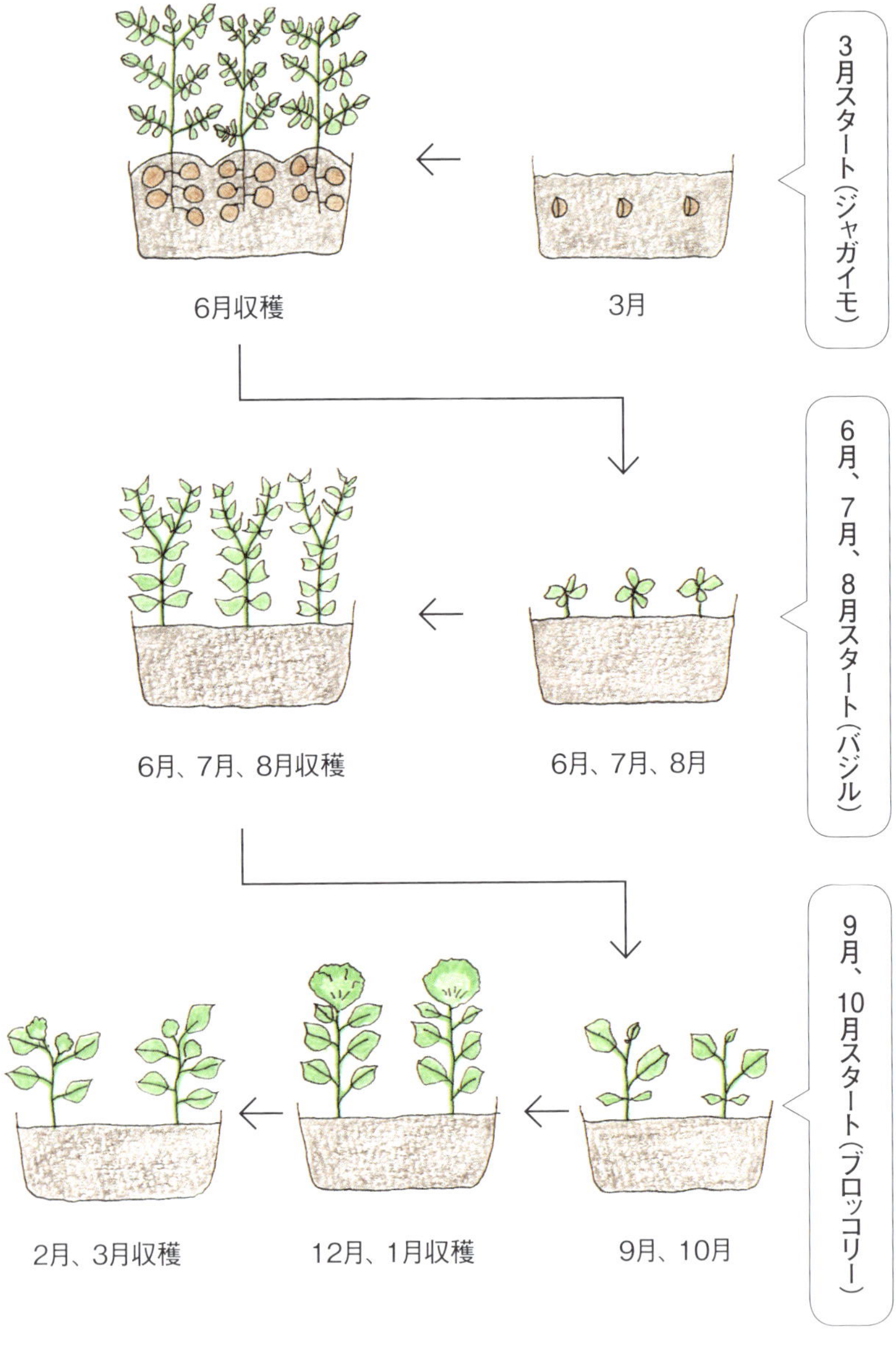

3月から始める人は、ジャガイモから始める。6～8月に収穫し、6～8月はバジルを植える。バジルを収穫したあとは、9月～10月にブロッコリーを植え、12～1月と2～3月に収穫を楽しむ

4月5月スタートの方は

ピーマンを育てましょう！

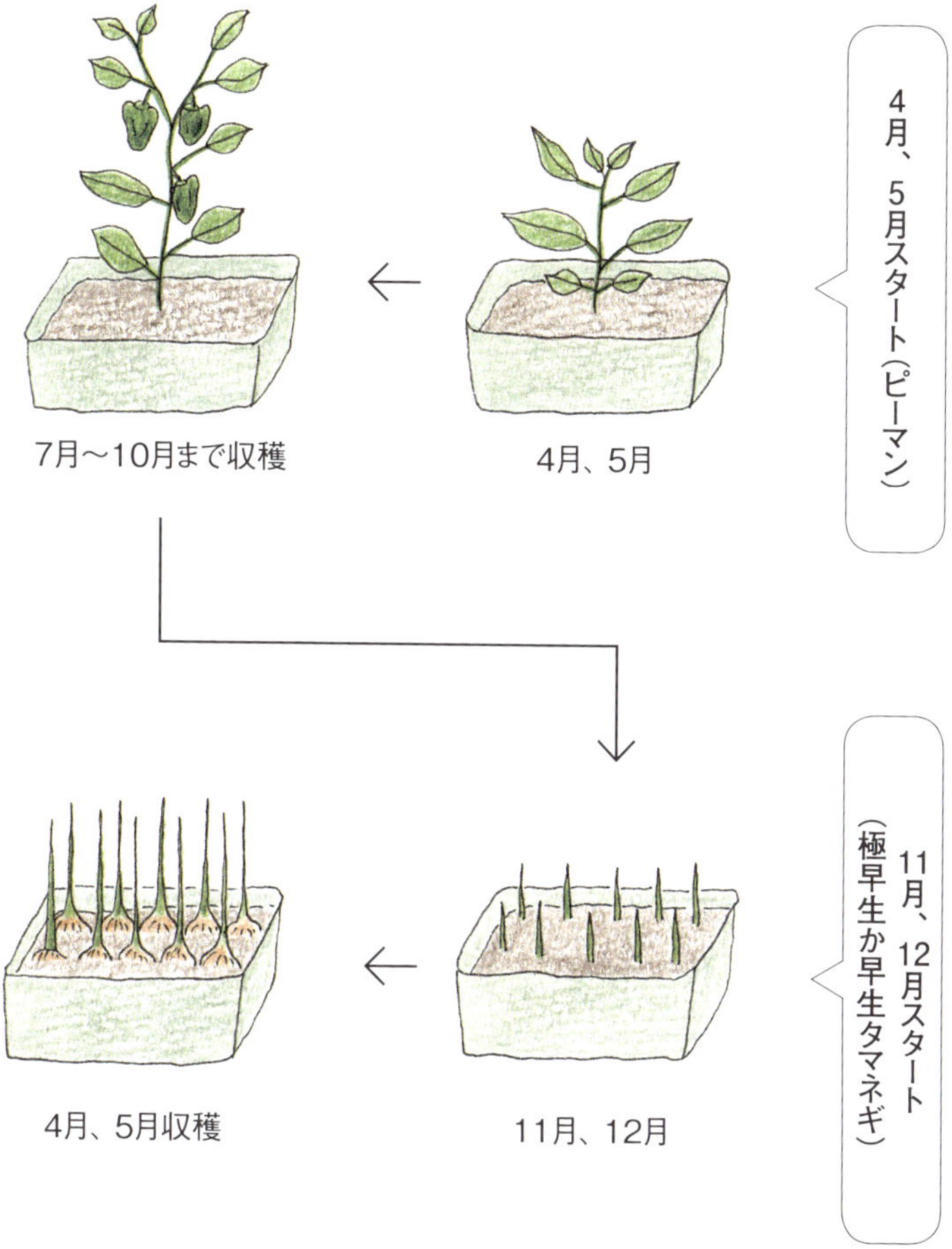

4月～5月から始める人は、ピーマンから始める。7～10月に収穫し、11月～12月に極早生か早生タマネギを植え、4～5月に収穫をする

Lesson 06
3つのプランターで1年間楽しむ家庭菜園術

プランターを3つにすると、多種多様なものを育てることができます。ガーデニングには、いろいろな種類の花をひとつの鉢に植え付ける「寄せ植え」がありますが、この場合**「寄せ植え」の野菜版をイメージしてください**。狭いプランターの中で「寄せ植え」すると、お互いが競い合い成長が促進されます。野菜が成長すると混み合い蒸れてきますが、心配は無用です。成長するごとに収穫もどんどん行うので、多品種のものを少しずつではあっても、かなり長い期間収穫できます。最後に一気に収穫する農業とは異なり**家庭菜園は、植え付けてから栽培&収穫を繰り返す「少量収穫持続スタイル」**なのです。

　収穫のついでに管理もできますし、水やりもそれほど負担になりません。常に一番良い採り頃、そして食べる直前に収穫できるというのは、家庭菜園ならではです。プランター3つならさほど場所も取りません。庭のテラスや玄関先はもちろん、マンションのバルコニーでも気軽に楽しむことができます。

3つのプランターの野菜づくり

準備するもの

❶ アイリスオーヤマのエアーベジタブルプランター

幅約53×奥行35.5×高さ約26㎝

❷ 粉状の醗酵油かすか緩効性化成肥料マグァンプKと液肥（ハイポネックス原液）

❸ 園芸用土

❹ 赤玉土の大粒（鉢底石として使う）

エアーベジタブルプランターの場合は不要

❺ バーク堆肥

❻ 有機石灰

❼ 支柱

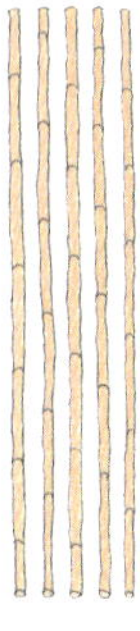

❽ 麻ヒモ

❾ 苗や種イモ

❿ ミリオン（珪酸塩白土）

あると良い。

お手軽栽培編

手順

① 菜園用プランターの鉢底に赤玉土の大粒を敷く

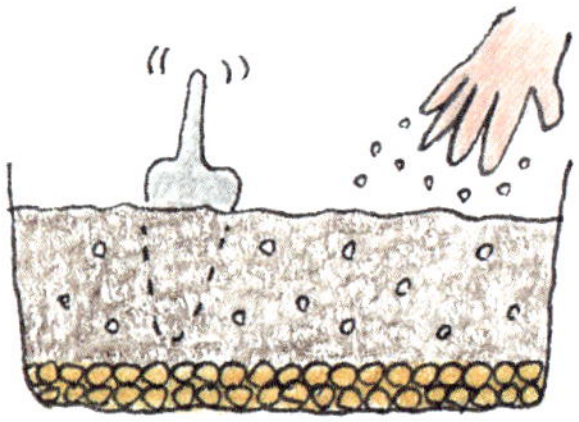

② 園芸用土を入れ、マグァンプK（中粒）を混ぜてからしっかり水やりをする

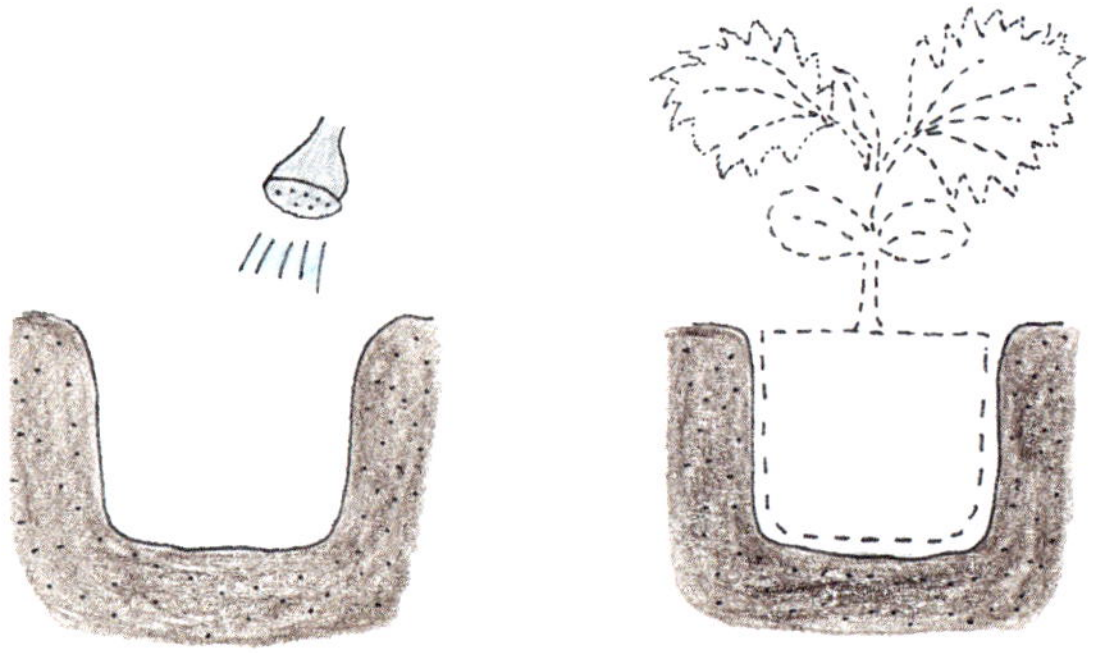

③ 苗を植え付ける部分に植え穴を掘り、穴に水を入れる。穴の深さは苗の根鉢程度

④ 苗をポットから取り出し、植え穴に入れる

5 植え穴のまわりの土を苗に寄せて、押し込むように植え付ける

6 地表面をバーク堆肥で隠し、軽く水やりする

7 日常の管理としては、地表面が乾いたら鉢底から水が流れるまで、たっぷりと水やりをする

8 地表を覆っていたバーク堆肥が薄くなって、地表面が見えてきたらバーク堆肥を補う。液肥は2週間に1回与える

有機栽培編

手順

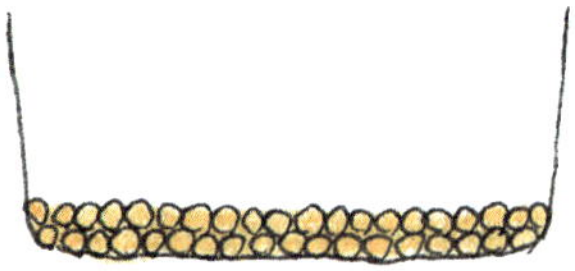

① 菜園用プランターの鉢底に赤玉土の大粒を敷く

② 次に園芸用土を入れ、水やりをする

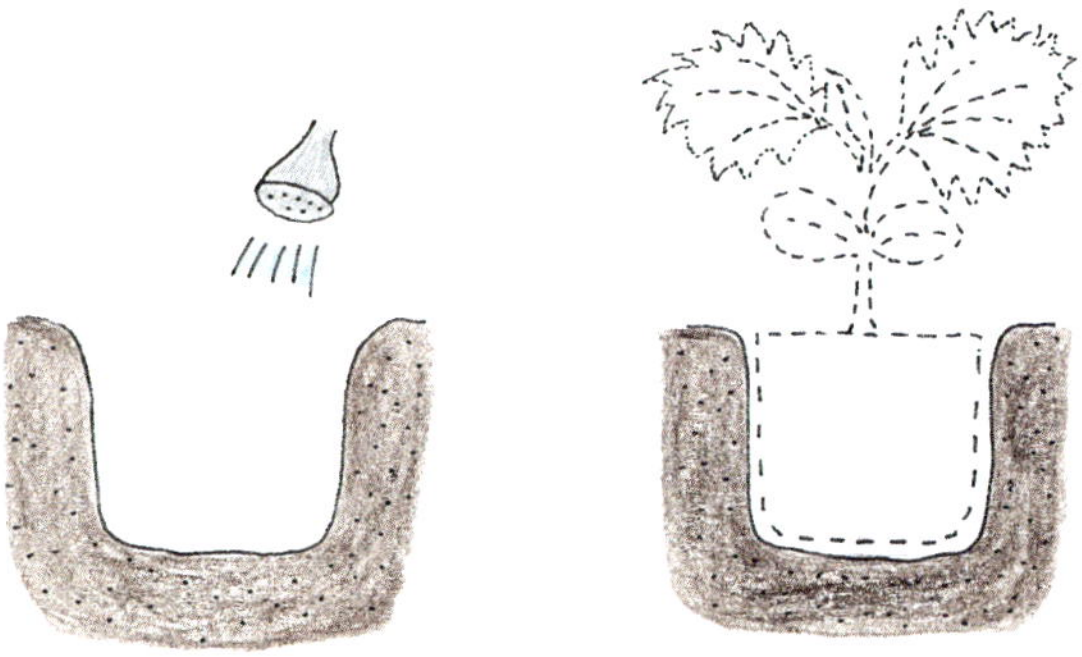

③ 苗を植え付ける部分に植え穴を掘り、穴に水を入れる

④ 苗をポットから取り出し、植え穴に入れる

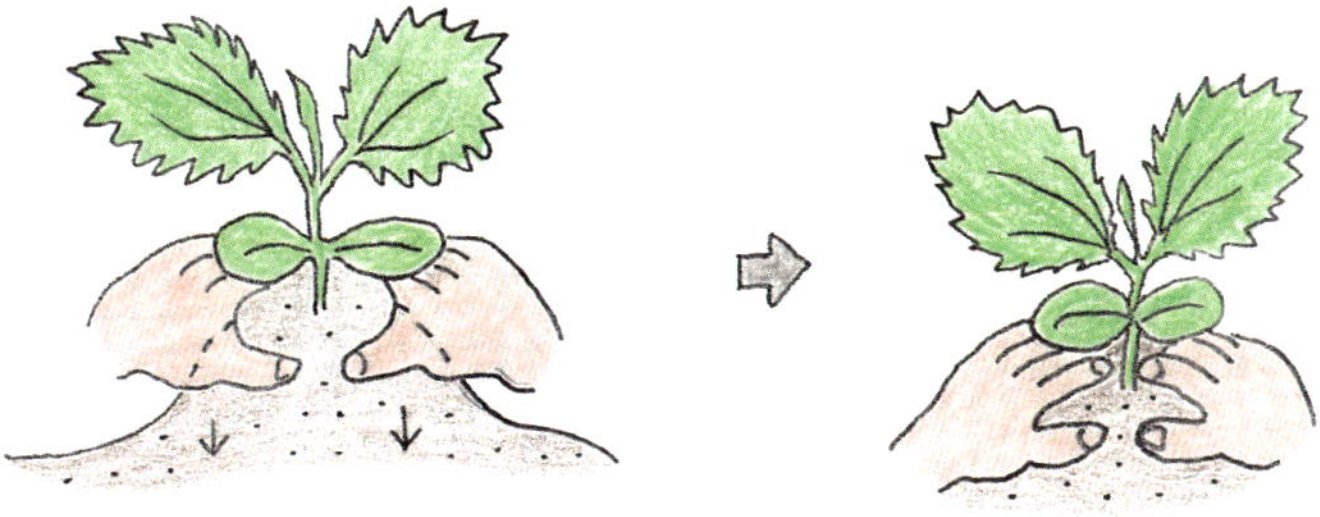

5 植え穴のまわりの土を苗に寄せて、押し込むように植え付ける

6 粉状の醗酵油かすをひと握り地表面にまく

7 地表面をバーク堆肥で隠し、軽く水やりする

8 日常の管理は、地表面が乾いたら鉢底から水が流れるまで、たっぷりと水やりをする

9 3週間に1回の割合で粉状の醗酵油かすを地表面にまき、バーク堆肥で隠す

3つのプランターの植付け計画

5月植え付け　10月下旬まで収穫

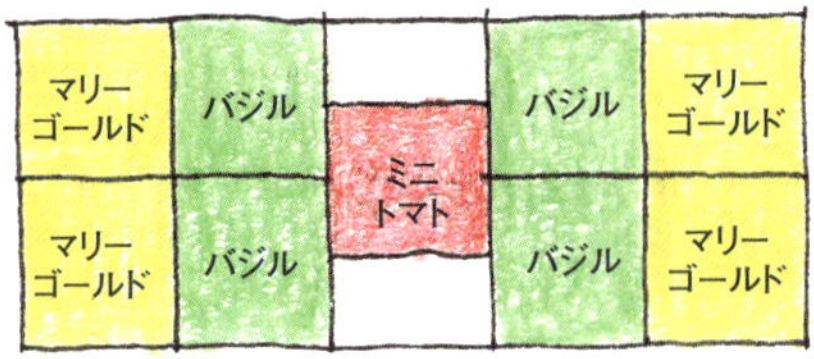

①ミニトマトでコンパクト管理。
②バジルはミニトマトの成長を促進する。葉を連続収穫してわき芽をどんどん伸ばす。
③マリーゴールドはミニトマトの病気を予防する。切って一輪挿しなどでどんどん使う

プランター
A

5月植え付け、9月中旬まで収穫

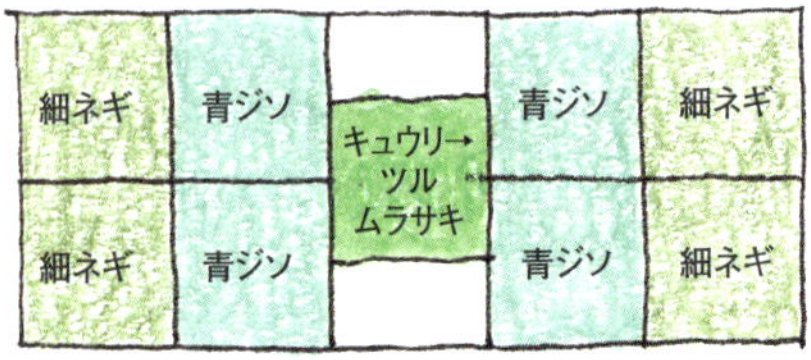

①キュウリの収穫後は8月からはツルムラサキに交代。
②青じそは小葉の段階で下葉からどんどん収穫する。
③細ネギは2週間に1回は収穫する。ハサミでチョッキン

プランター
B

5月植え付け、9月中旬まで収穫

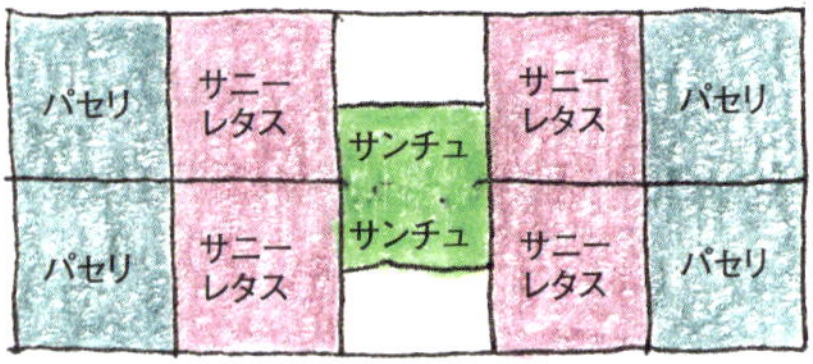

①サンチュとサニーレタスは外葉からどんどん収穫する。収穫後3～4枚の葉が残れば良い。
②パセリも外葉からどんどん収穫する

プランター
C

管理

①プランターの下にレンガなどを置き、風通しを良くする。日照時間は4時間以上が理想。②水やりは、地表面が乾いたら実施。水やりは鉢底から流れるまでたっぷりと。水やりで空気の補充&老廃物の排出を促す。　③肥料は説明書通りに与える。与えすぎは、人間の食べすぎと同じで逆効果。　④病害虫が発生した時は、土をリフレッシュして植え替える。　⑤頻繁に収穫すると野菜が丈夫になる。　⑥常に地表面が見えないようにバーク堆肥を敷き詰める。

① 極早生タマネギ苗なら5月上旬に収穫できる!
② 葉が折れたら収穫。
③ 3週間に1回の追肥は少し多めに与える

11月植え付け　5月上旬収穫

極早生タマネギ	極早生タマネギ	極早生タマネギ	極早生タマネギ	極早生タマネギ
極早生タマネギ	極早生タマネギ	極早生タマネギ	極早生タマネギ	極早生タマネギ

① ブロッコリーは12月に親株を収穫した後、子ブロッコリーがたくさん収穫できる。アオムシは捕殺。

ポイント：ブロッコリー苗を外側に向けて植え付ける

9月中旬植え付け　3月下旬まで収穫

細ネギ	ブロッコリー	細ネギ	ブロッコリー	細ネギ
ブロッコリー	細ネギ	ブロッコリー	細ネギ	ブロッコリー

①クウシンサイとモロヘイヤはどんどん切って収穫する。
② パセリは外葉からどんどん収穫する

9月中旬植え付け　10月中旬まで収穫

パセリ	クウシンサイ	モロヘイヤ	クウシンサイ	パセリ
パセリ	クウシンサイ	モロヘイヤ	クウシンサイ	パセリ

↓

① スーパーでお好みのニンニクを植え付けてもOK。
② 葉が茶色くなったら収穫。
③ 3週間に1回の追肥は少し多めに与える

10月中旬植え付け　翌年6月収穫

ニンニク	ニンニク	ニンニク	ニンニク	ニンニク
ニンニク	ニンニク	ニンニク	ニンニク	ニンニク

Lesson 07 何度もリフレッシュできる！捨てるのはもったいないプランターの土

農家さんは土を捨てませんよね。先祖代々育てた土を大切にしています。プランターの土も同じです。**リフレッシュすれば何度でも使うことができるのです。**土は生き物だと考えてください。われわれが土に入れる有機肥料などは、それだけでは効き目がありません。土の中のミミズや微生物などが分解してくれないと植物は吸収できないのです。もちろん土の中には鉱物も入っていますが、実にたくさんの生き物たちが生きているのです。これらの**生き物たちに協力してもらいながら、植物を育てる**というイメージを持ってください。

土全体をひとつの生き物と考えるとわかりやすいです。

硬くなった土をマッサージ！

植物を育てた土の中は根が張り、土が固くなります。われわれが働いたあとに、肩が凝ったりするのと似ています。こわばった体をほぐしてやるように移植ゴテなどで土も耕します。さらに、ほど良いやわらかさが継続するように、土が痩せた分だけバーク堆肥を混ぜてください。

頑張った土に栄養補給！

植物を育てた土は、土の中の養分を植物に吸収され肥料不足になります。われわれが働いたあとはお腹がすいてくることとも似ています。そこで、植物に吸収された養分を補います。粉状の醗酵油かすを土に混ぜてください。

疲れて酸性に傾いた土にミネラルを！

また、植物は成長する過程で根から有機酸を出して、酸の力で土の中の養分やミネラルを溶かし、さらに根から吸収します。その結果、根に酸が残り、土が酸性化してきます。われわれの体も疲労すると酸性に傾くことと似ていますね。酸性化した土を弱酸性に戻すために、アルカリ資材の有機石灰を混ぜてください。有機石灰は牡蠣殻を原料とするものが多く、ＰＨ《ペーハー》調整はもちろん、ミネラルの供給も同時に行ってくれます。有機石灰は混ぜたその日からでも植付け可能なので、便利なのです。

土のリフレッシュ方法

準備するもの

① 植物を育てた土
② 45リットルの透明のビニール袋
③ バーク堆肥
④ 粉状の醗酵油かすか、緩《かん》効《こう》性《せい》化成肥料のマグァンプK中粒
⑤ 有機石灰
⑥ ミリオン（珪酸塩白土）…可能であれば入れる
⑦ 移植ゴテ

手順

リフレッシュ方法は、ステップ1～5となっていますが、同時に行える作業は同時進行しても問題はありません。

① 古い根を取り除く

育ち終わった野菜や草花を土から引き抜くと、古い根が出てきます。フルイなどを使って古い根を丁寧に取り除くように記載している野菜づくりの本も見かけますが、そこまで丁寧にする必要はありません。ある程度太い根を取り除けば十分です。地中深く入った根は、時間が経てば土中で堆肥化され、土をやわらかくしてくれます。

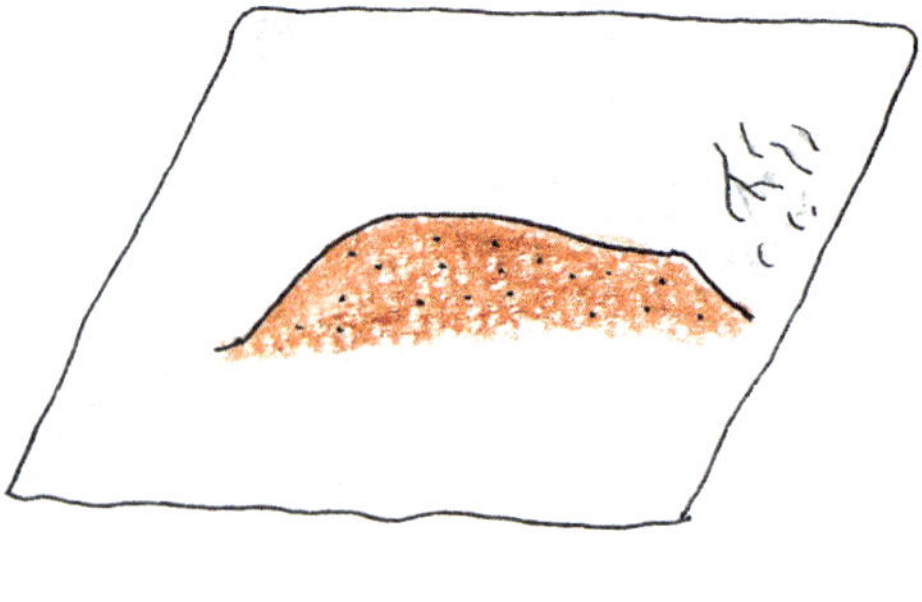

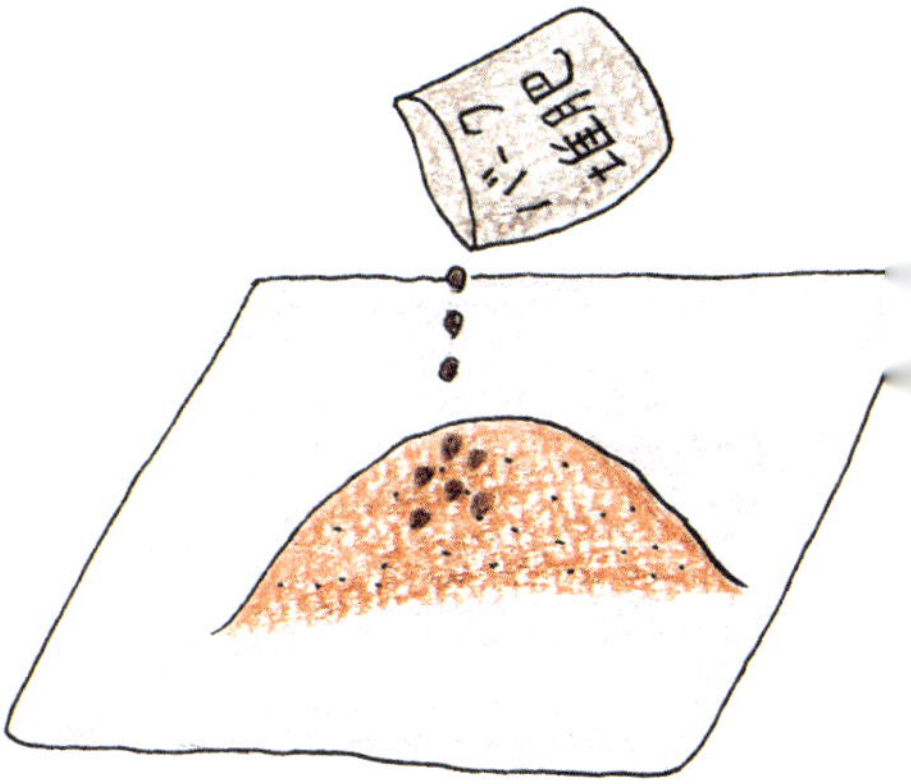

2 固くなった土をリフレッシュ

「野菜や草花を育てたら何だか土が固くなった」と感じたことはありませんか。これは、私たちの肩こりのようなもの。固くなった土を移植ゴテやスコップで耕すと同時に、フカフカな状態にしてくれる完熟バーク堆肥（土の総量の１割が理想）を混ぜ込みます。完熟バーク堆肥は異臭や小枝などがないものを選びます。

3 土の栄養を草花や野菜に吸収されたので栄養補給

われわれは頭や体を使うと、おなかが減ってきます。土も一緒です。草花や野菜は成長する過程で、根が土の養分を吸収します。そこで土にも栄養補給をします。いろいろな肥料が販売されています。まず、化成肥料のおススメ商品ならマグァンプＫ（中粒）です。これは土に混ぜ込む肥料で、長期間安定してゆっくりと効くタイプです。無臭なので、ハエなど不快害虫が発生しにくく、住宅密集地でも臭いを気にせず使用できます。次に、有機肥料なら粉状の醗酵油かすです。いわゆるホームセンターなどのＰＢ商品ではなく、肥料メーカーの醗酵油かすが良いでしょう。この方が、品質が一定していると思います。

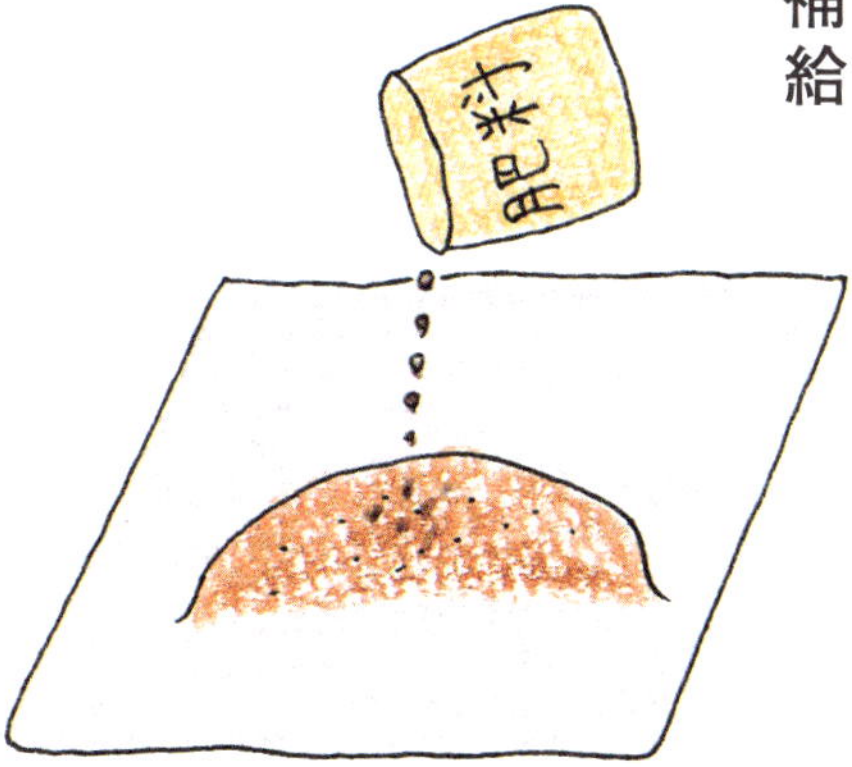

マグァンプKと粉状醗酵油かすの量は説明書通りに

4 酸性に傾いた土中を弱酸性にする

人間は疲れてくると体が酸化してくるといわれています。土も同様です。植物は根から有機酸を出していて、これによって土中の肥料分を溶かし、栄養を取り込んでいます。そのため、有機酸によって土中が酸性化していくのです。例外はありますが、一般的な植物は弱酸性土壌を好むので、土を弱酸性に戻してリフレッシュします。まず、牡蠣殻が主原料でミネラルやカルシウムが豊富な有機石灰を、土に粉雪が舞う程度にばらまき混ぜます。これは混ぜ込んだ直後でも植え付けが可能です。ただし、石灰資材にはほかに消石灰や苦土石灰もありますが、これらはすき込んだ後、しばらく植え付けが出来ません。

5 もうひと手間加えるなら根腐れ防止剤を入れる

植物が育った後の土は、肥料分やミネラル分が抜けてしまいます。また、老廃物も溜まっており、人間に例えるならまさに疲労している状態でしょう。元の元気な土に戻してくれるのを助けてくれるのが、根腐れ防止剤のミリオン（珪酸塩白土）です。

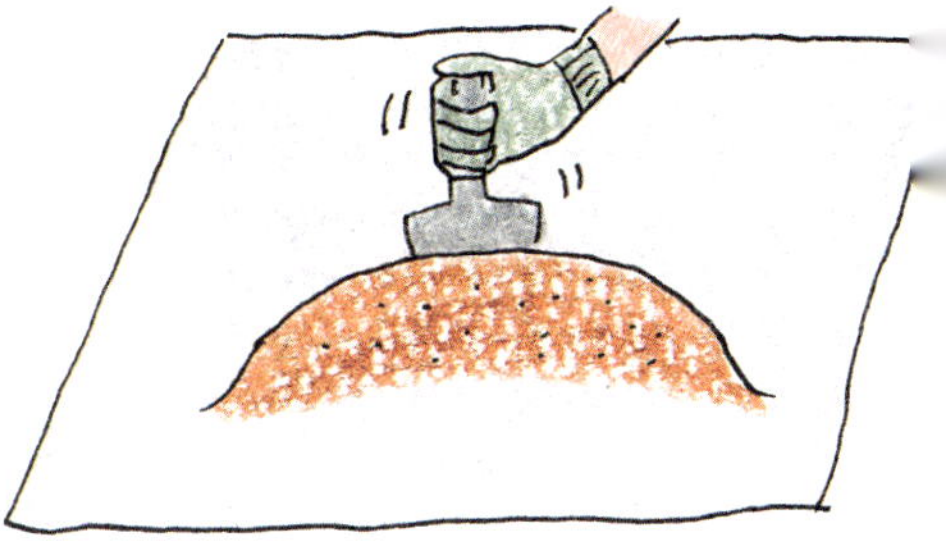

これは土壌中の不良ガスや不純イオン・雑菌などを吸着・除去し、酸度を調整します。そして、土壌を団粒化してやわらかくし、ミネラルを補給して、疲れた土を健康な土によみがえらせます。加えて珪酸塩白土には、マグネシウムや鉄などのミネラルが豊富に含まれていますので、植物の光合成を促進させます。土壌が活性化し、野菜や草花の連作を可能にするなど良いことづくめなのです。

6 必要に応じて日光消毒をする

草花や野菜を育てたときに、病害虫が発生したことがある土も再利用できます。まず、リフレッシュ前に、透明のビニール袋に土を小分けにして口を閉じ、直射日光に1週間当ててください。袋の中は50～60℃になり、病害虫が死滅します。花壇や畑の場合は、耕した後に透明のビニールマルチで地面を覆い、1週間放置します。すると、直射日光と高温で土壌が消毒されます。その後、完熟バーク堆肥や粉状の醗酵油かすなどを土に混ぜて、土をリフレッシュさせます。

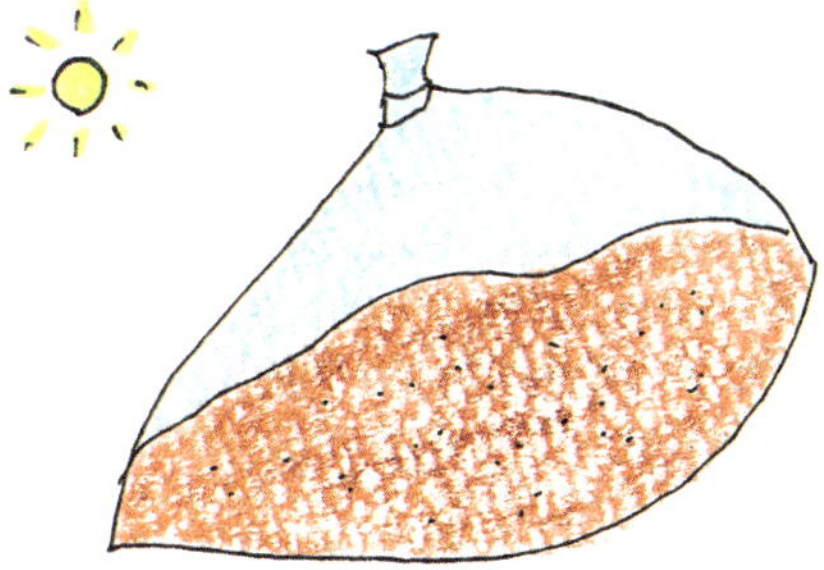

Lesson 08 - 12

第2章

小さな庭先ではじめる自給自足

Lesson 08
庭を耕さなくても半日でできる素敵な菜園！

プランターの次は、庭で家庭菜園を楽しみましょう！ ここでも**結論からお伝えすると、庭を耕さないでください。**庭づくりでまず行うことといえば「土づくり」と思っている方が多いと思います。しかし庭を掘り、土づくりをするのは重労働です。粘土が出てくる場合もありますし、石が出てくる可能性もあります。また、それらの処分にも困ってしまいますよね。

そこで私がおすすめするのが、掘るのではなく**木枠を作って庭に置き、その木枠の中に市販の袋入り園芸用土を入れる方法**です。この方法なら**早く作れて、美しく、連作障害※（次ページ）も解決**できるのです。作り方をイラストでわかりやすく解説していきます。

コンパクトなスペースでも、連作障害が発生しないように木枠で4つのエリアに区切っている。通路部分にはレンガを敷き、レンガのすき間にはハーブを植栽

木枠で地面を上げているので、排水性の悪い庭でも家庭菜園ができる。加えて、高さも出るので野菜が美しく見える。膝にあまり負担がかからず作業が可能

連作障害とは……

同じ場所で同じ植物（野菜など）を連続して栽培すると、病虫害が発生したり、健全に育たず障害が出たりすることを連作障害といいます。これを回避するためには、菜園をいくつかのスペースに分けて、それぞれの根が干渉し合うのを防ぐようにすることが大切です。

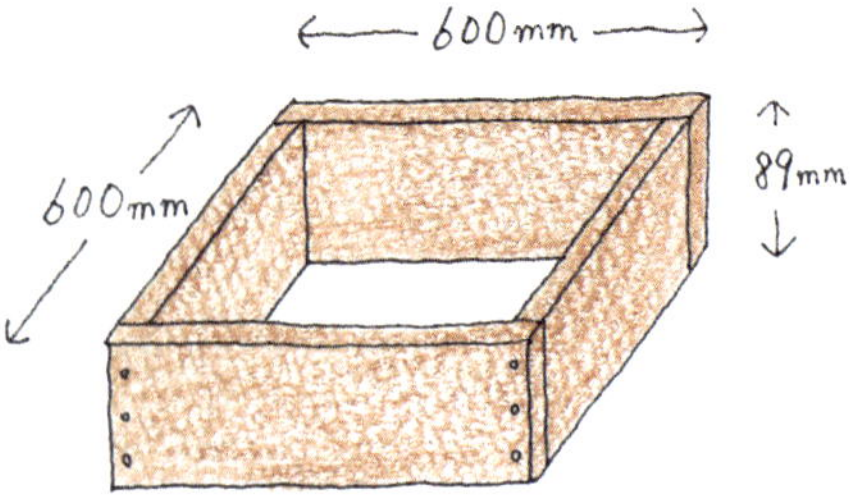

1 まず木枠を作る。私のおすすめの大きさは縦600×横600㎜の大きさ。ここでは、全国のホームセンターなどで購入しやすい2×4《ツーバイフォー》材で解説するが、2×4以外の木材でもOK

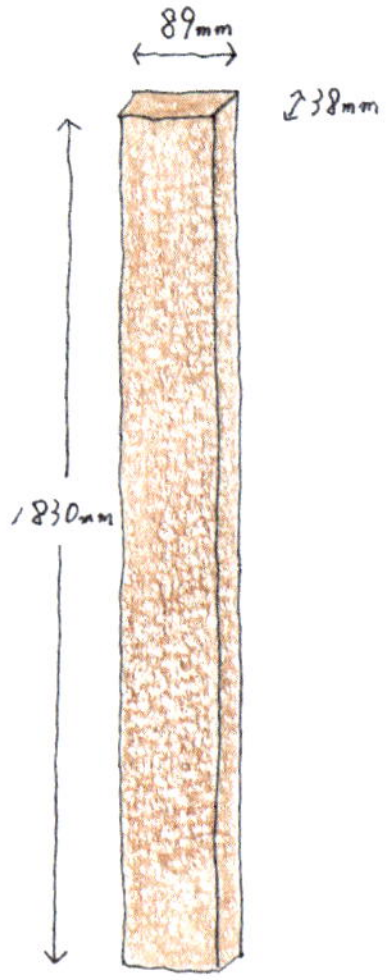

2 2×4《ツーバイフォー》材ってこんな寸法。38×89×1830㎜の材を基本的に使用する。（以下、基本材とする）

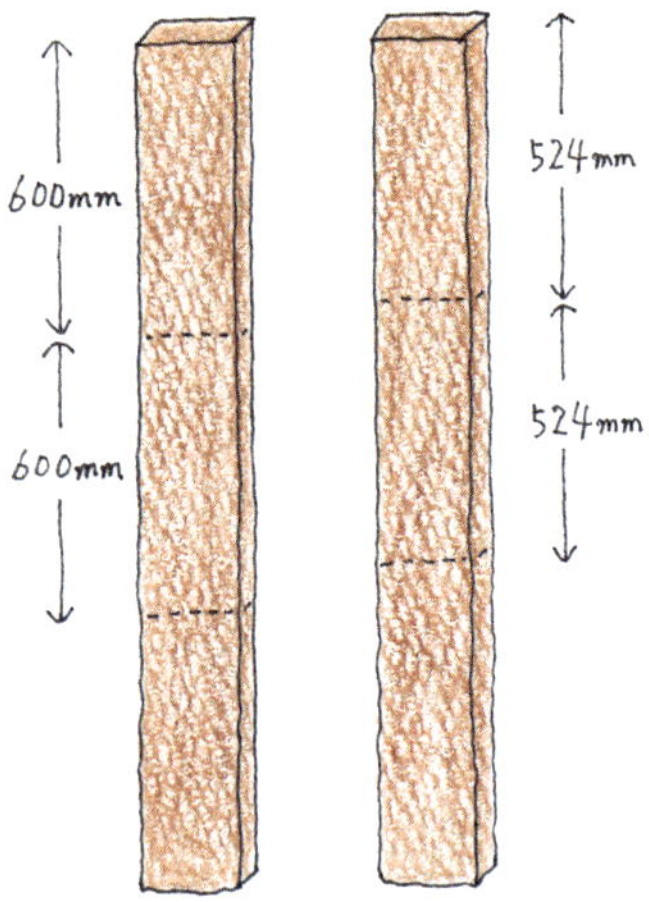

3 大きさ（外寸）は縦600×横600㎜の木枠をひとつ作る場合は、基本材が2本必要

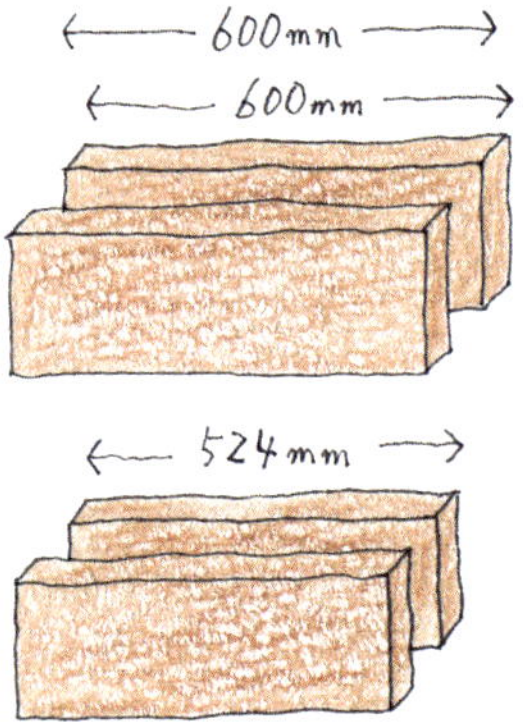

4 基本材をカットする必要があるが、ホームセンターのカットサービス（有料）を利用した方が正確に切ることができる。私も利用している。木枠ひとつに必要な材料は、長さ600㎜が2枚、長さ524㎜が2枚。この寸法は基本材の厚みが38㎜であるという前提。購入&カットされる前に実寸を確認することが必要

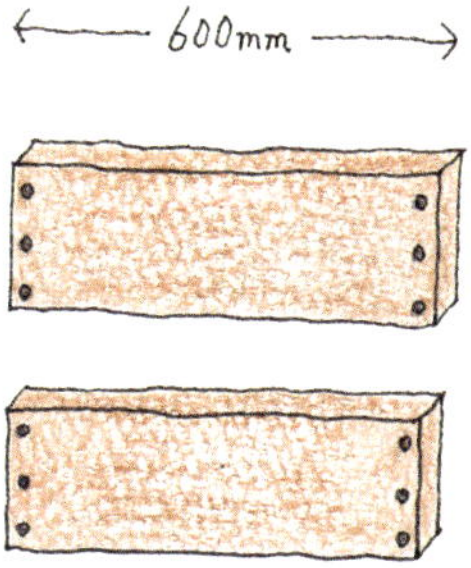

5 長さ600㎜2本に6個ずつ下穴を開ける

6 長さ57㎜の木ネジで4枚の板を組み立てる

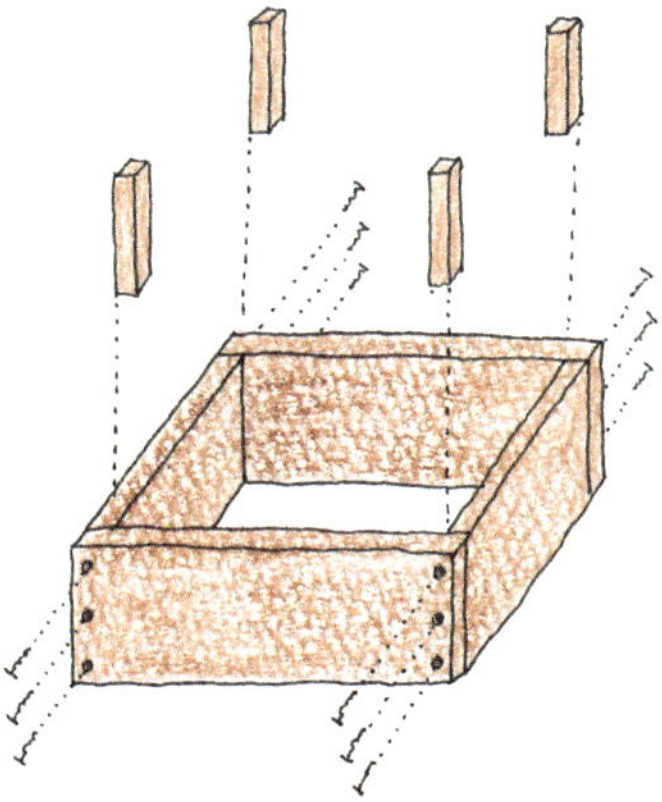

7 さらに強度を高めたいときには、入隅部分に角材を当てて木ネジでとめる

8 木枠を庭に置いてレイアウトを決める。縦長に並べる方法もあるし、L字型に並べる方法もある。ご自身のセンスで決定しよう。木枠の高さが土の深さになるので、大根などの根菜類を楽しみたい場合は、高さ30㎝以上（木枠4段以上）は確保したい。草花や葉物野菜は15㎝（木枠2段）で十分

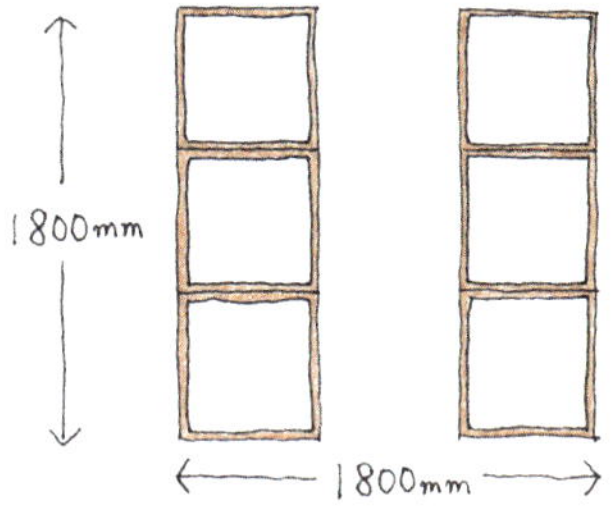

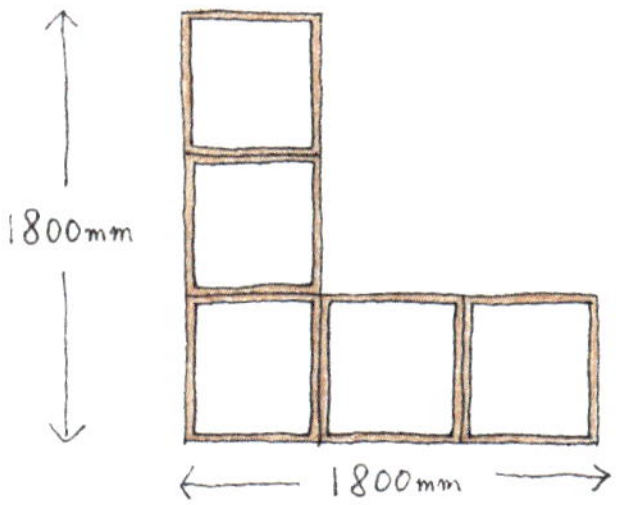

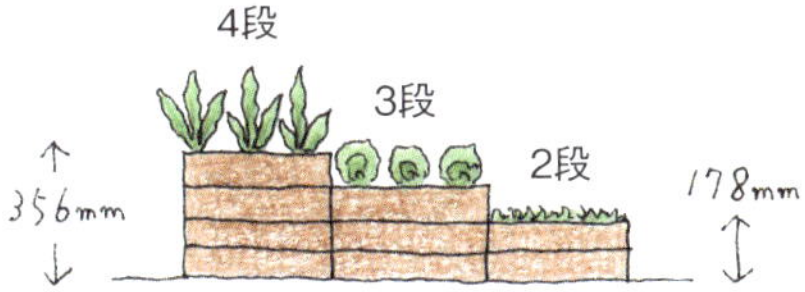

9 木枠の位置が決まったら袋入りの園芸用土を入れる。園芸用土は25リットル入りで600円を目安にしよう。安売りの土は品質に問題がある場合があるので、避ける

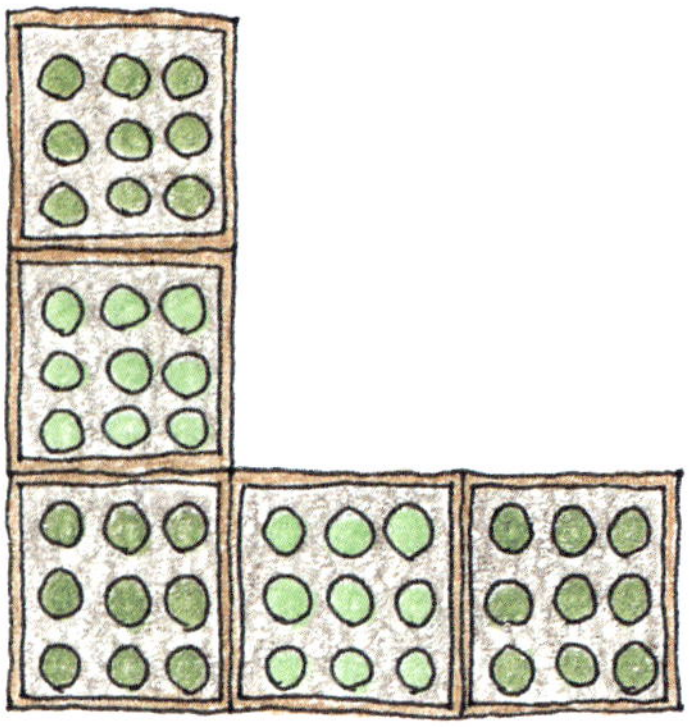

10 木枠内の植え込みが済んだら、木枠まわりの装飾をする。木枠まわりにレンガや石などを敷き詰めると見た目も美しく、雨上がり後のガーデニング作業でも靴の裏が汚れない

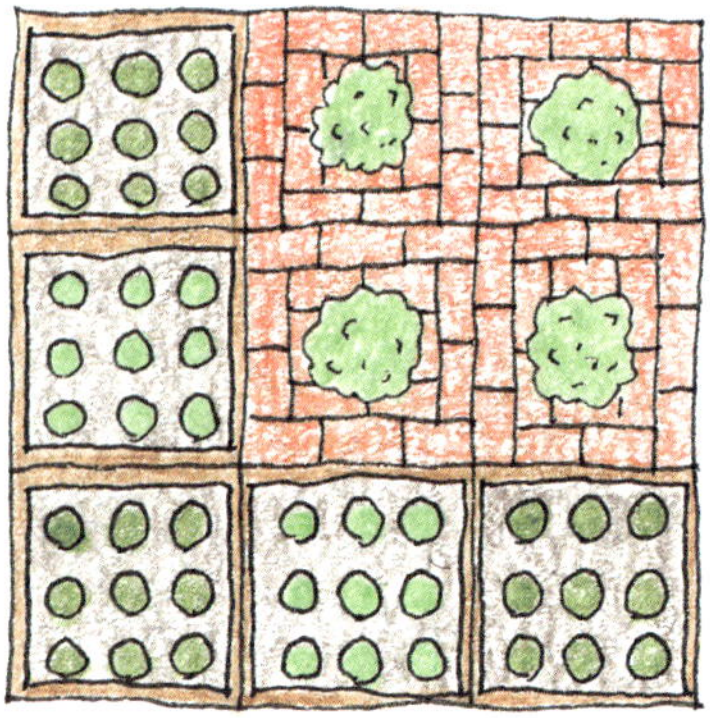

11 木枠が縦横60㎝（600㎜）なので、割り付けのことを考え、レンガの大きさは縦100㎜×横200㎜のものにした。レンガの並べ方は自由。敷き詰めても良いし、部分的にレンガをなくしてハーブを植栽しても面白い

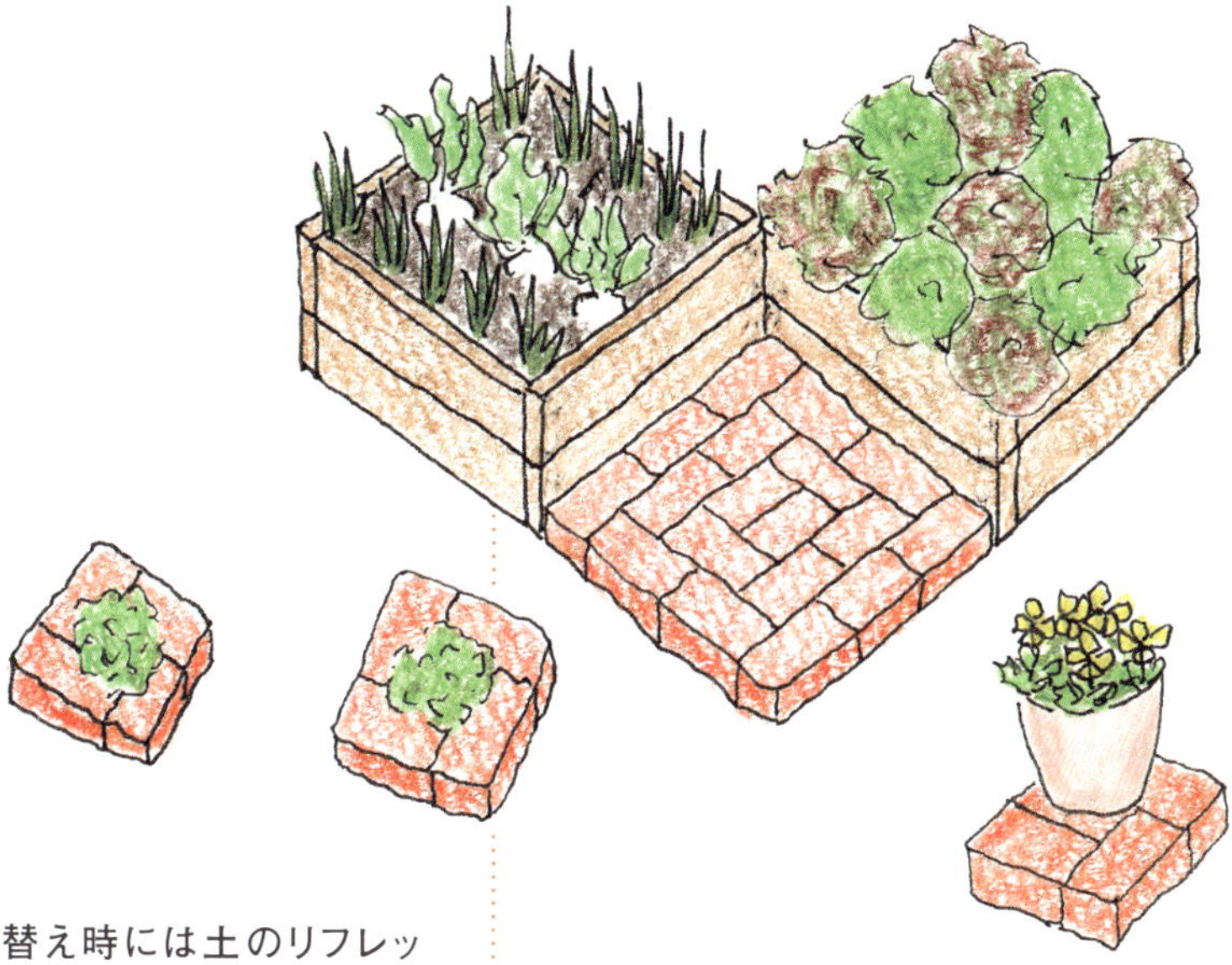

12 レンガを飛び石のように配し、勝手口などにつなぐと庭が使いやすくなる

13 部分的にテラコッタの鉢に花を飾って置くと、ポイントになる

14 コンパクトな庭でも木枠で小分けにすると、連作障害対策にもなる

15 植え替え時には土のリフレッシュ方法（P34）を参考にリフレッシュさせる

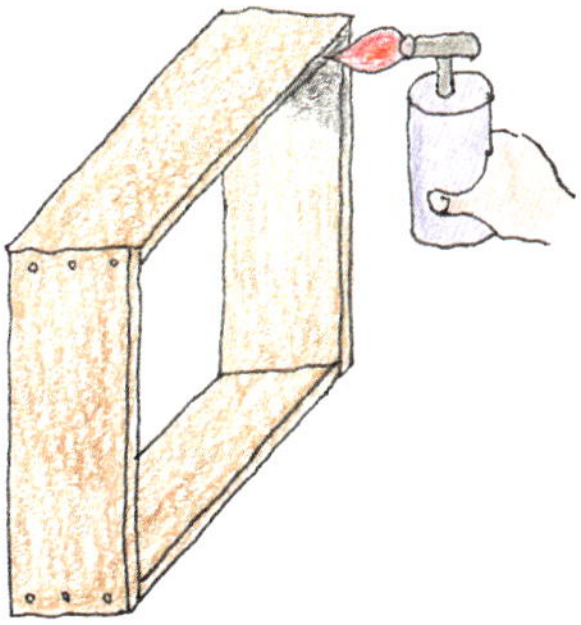

木枠は腐りやすいので、内側と底の部分を簡易バーナーで焦がすと、防腐効果がある。
※面倒なら省略可能

16 木枠が腐ったときが、菜園のリニューアル時期。古い木枠は処分して、新しいものを作ろう！　古い木枠は可燃物で処分可能だと思うが、念のため各自治体のごみのルールを確認のこと

Lesson 09 なんと素敵！レンガを積むだけでできる菜園！

お好みの**レンガを買ってきて積み上げるだけでできてしまう菜園**です。子どもたちと作ることもできます。Lesson8の木枠より簡単かもしれません。レンガは重みがあるので、5個までの平積みなら土を入れても横から人為的に力を加えない限り崩れることはありません。

レンガをずれないよう**固定する簡単な方法として、インスタントセメントを活用**する方法があります。イラストでわかりやすく解説していきます。

NHKテレビでも紹介しているわが家のレンガ菜園

レンガで作る菜園

まずはレンガの種類と寸法です。

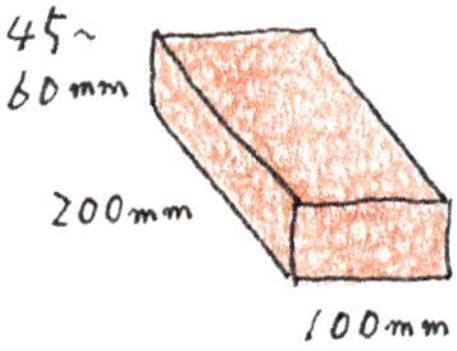

アンティークレンガ
などのサイズ

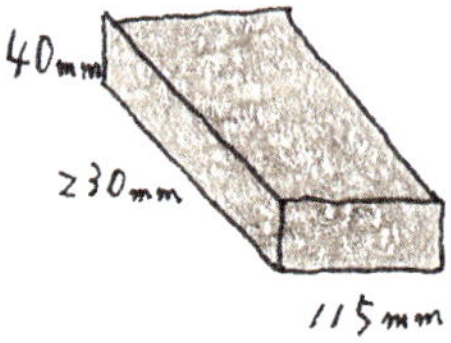

オーストラリアレンガの
サイズ

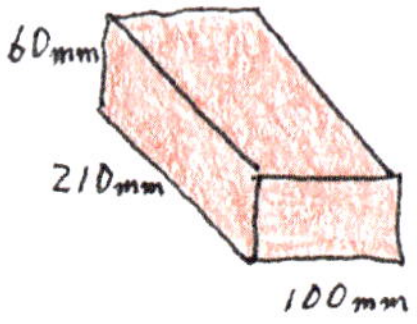

日本の
レンガのサイズ

日本のレンガのサイズ	長さ：幅：厚さ＝210×100×60㎜
オーストラリアレンガのサイズ	長さ：幅：厚さ＝230×115×40㎜
アンティークレンガなどのサイズ	長さ：幅：厚さ＝200×100×45〜60㎜

おすすめの積み方と割り方

レンガを割るときは、レンガ
タガネを割る場所に置き、
ハンマーで叩く

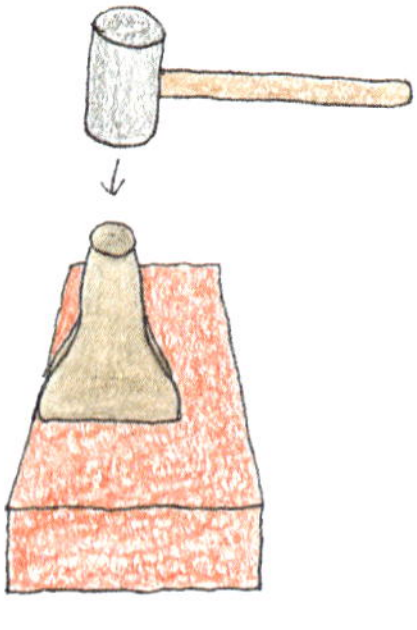

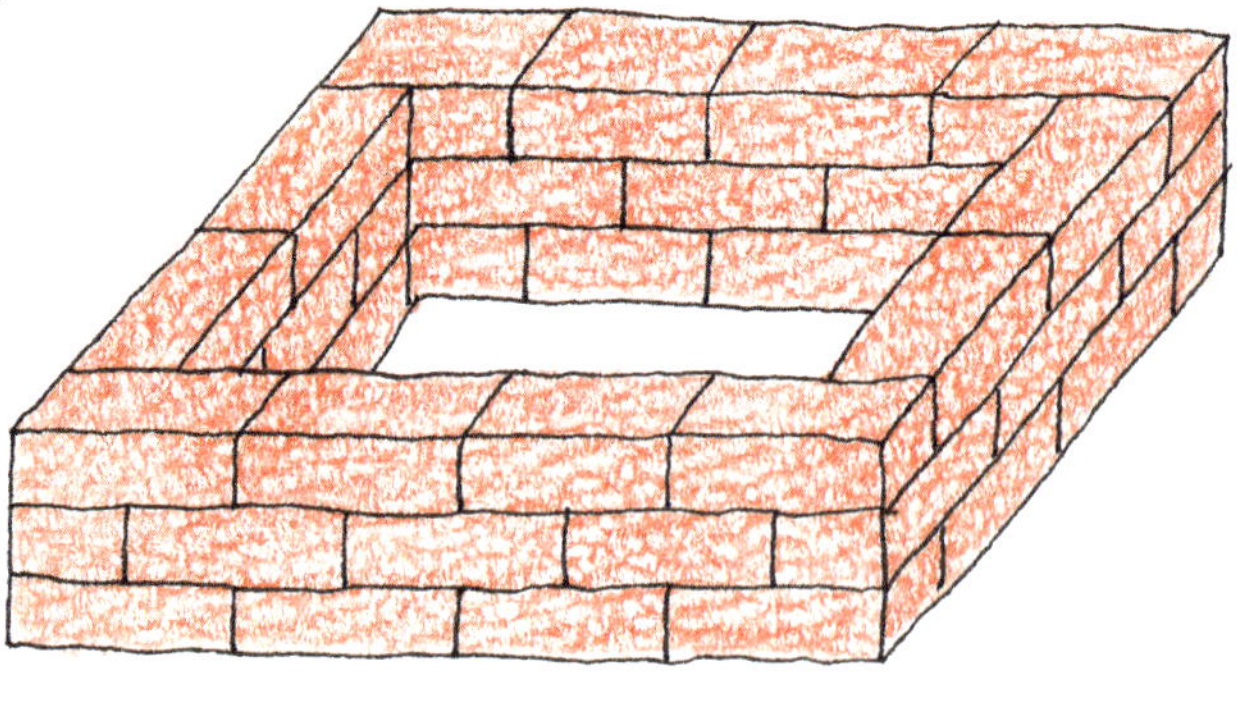

インスタントセメントの使い方

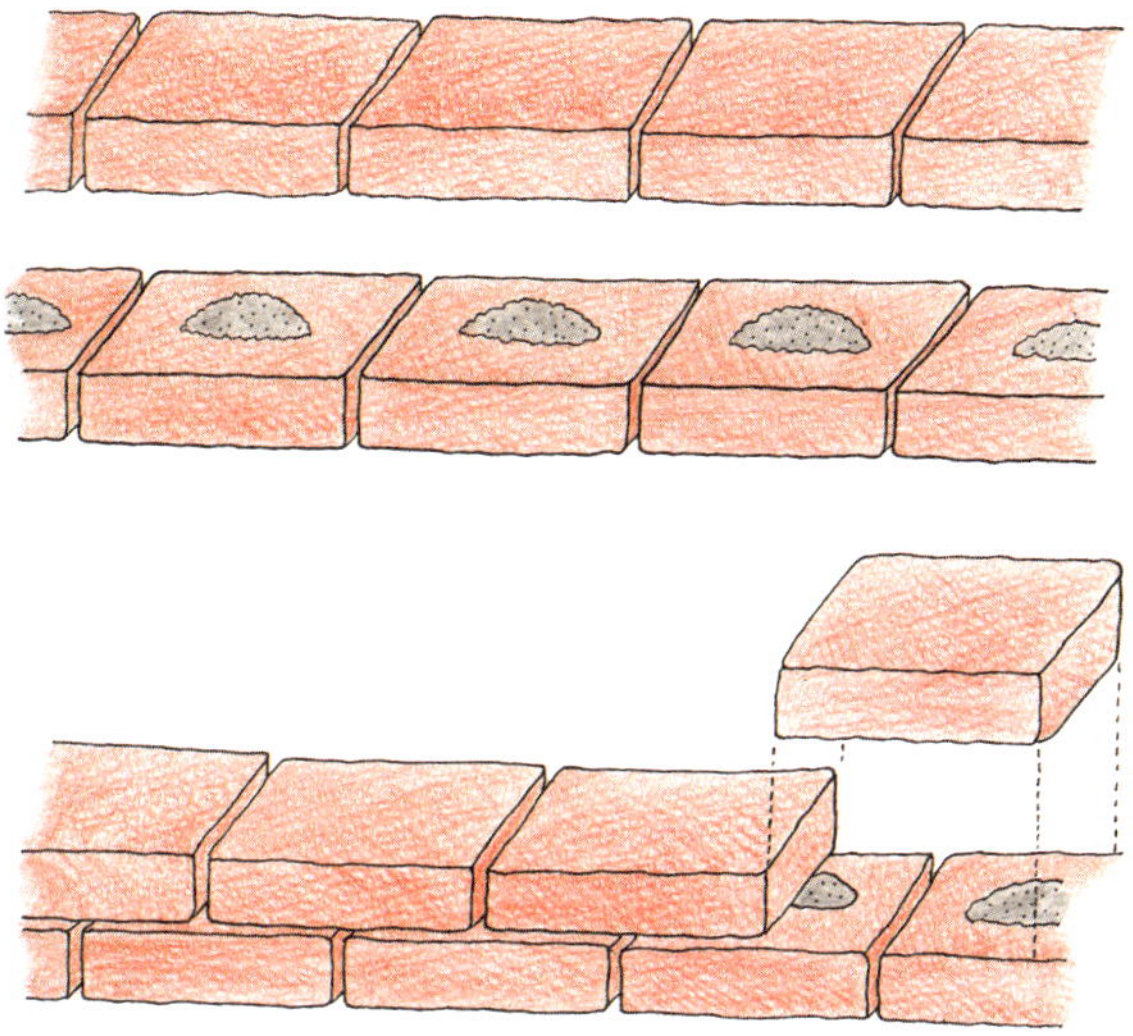

レンガは重みがあるのでそのままでも良いが、インスタントセメントを使うとより強固に。水に溶いて団子状にして載せる。インスタントセメントで接着する前に、レンガを水に浸ける。

おすすめのレイアウト

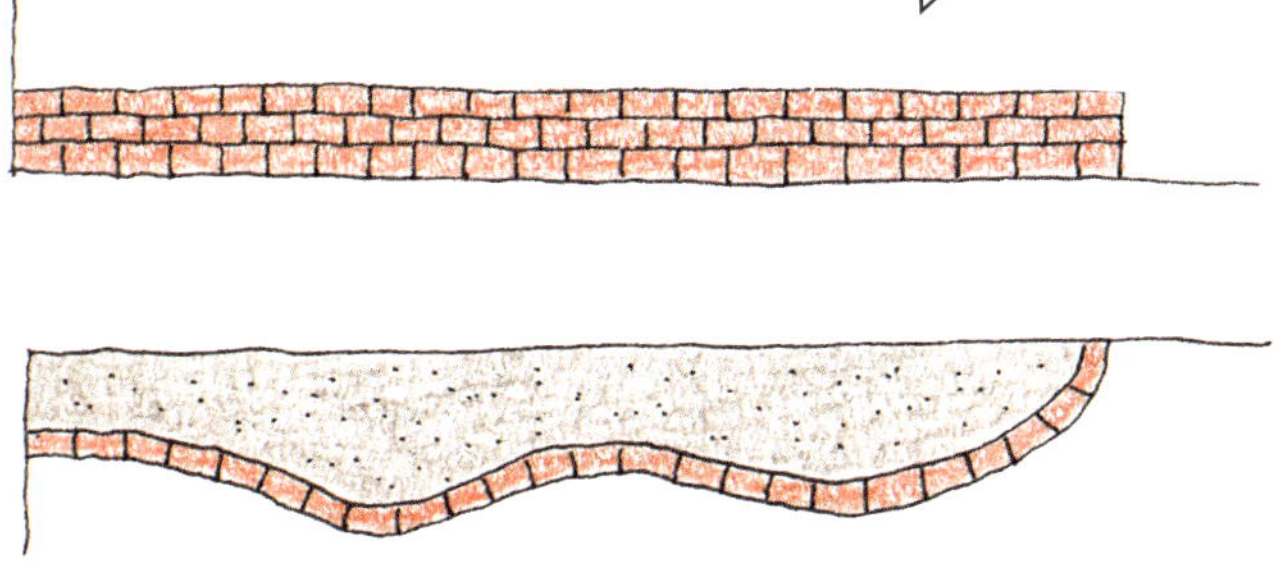

レンガは木枠と違って曲線が作りやすい

Lesson 10

収穫の時期に旬があるように植え付け時期にも旬がある

最近は、1月にジャガイモの種イモが売られたり、3月にトマトの苗が出まわったりするなど、私からすればちょっと早すぎるな~と思うようなことがあります。一般消費者の方は店頭に種イモや野菜苗が並び始めると、植え付け適期と思ってしまいますよね。**野菜**

★苗の植え付け時期　◎種まき時期

	8月			9月			10月			11月			12月		
	上旬	中旬	下旬	上旬	中旬	下旬	上旬	中旬	下旬	上旬	中旬	下旬	上旬	中旬	下旬
					★	★									
					★	★									
					★	★									
					◎	◎									
					◎	◎									
					◎	◎									
					★	★	★	★	★						
					★	★	★	★	★						
					★	★	★	★	★						
					★	★	★	★	★						
					★	★	★	★	★	★	★	★			
							★	★	★	★	★	★	★		
										★	★	★	★		
										◎	◎	◎			
				★	★	★									
					◎	◎									
					◎	◎									
			◎	◎											

に旬があるように、植え付け時期にも旬（蒔き時、植え時）があるのです。主な野菜の植え付け最適期をまとめました。私の住んでいる奈良を基準にしていますが、東京、名古屋、大阪、広島、福岡近辺の方はほぼ同じ。春夏野菜の場合、奈良以北にお住まいの方は、**サクラの開花時期のずれ分を加味してください。**例えば奈良より約2週間開花が遅い地域は植え付けも2週間遅らせます。秋冬野菜は一覧表通りに。

野菜苗の植え付けと種まきの最適時期表

	1月			2月			3月			4月			5月			6月			7月		
	上旬	中旬	下旬	上旬	中旬	下旬	上旬	中旬	下旬	上旬	中旬	下旬	上旬	中旬	下旬	上旬	中旬	下旬	上旬	中旬	下旬
葉菜類																					
キャベツ								★	★												
ブロッコリー								★	★												
ハクサイ								★	★												
チンゲンサイ								◎	◎	◎	◎	◎	◎	◎	◎						
コマツナ								◎	◎	◎	◎	◎	◎	◎	◎						
シュンギク								◎	◎	◎	◎	◎	◎	◎	◎						
パセリ								★	★	★	★	★	★	★	★						
リーフレタス								★	★	★	★	★	★	★	★						
ニラ								★	★	★	★	★	★	★	★	★	★	★	★	★	
ネギ								★	★	★	★	★	★	★	★	★	★	★	★	★	
ツルムラサキ													★	★	★	★	★	★	★	★	
モロヘイヤ													★	★	★	★	★	★	★	★	
クウシンサイ													★	★	★	★	★	★	★	★	
バジル													★	★	★	★	★	★	★	★	
ミント													★	★	★	★	★	★	★	★	
ラッキョウ																					
ニンニク																					
タマネギ																					
果菜類																					
(ミニ)トマト												★	★	★	★						
(ミニ)キュウリ												★	★	★	★	★	★	★			
ナス												★	★	★	★						
ピーマン												★	★	★	★						
オクラ												★	★	★	★	★	★	★			
ズッキーニ												★	★	★	★						
スナップエンドウ							★	★	★												
根菜類																					
ジャガイモ							★	★	★												
サツマイモ														★	★	★					
ダイコン								◎	◎												
コカブ								◎	◎												
ニンジン								◎	◎												

この表からわかるように、3月、5月、9月、11月が植え付け重要月です

Lesson 11 種より苗から育てる方が断然おすすめ！

苗半作ということばがあります。**苗づくりが良いと、その植物づくりは半分以上成功**したようなもの。つまり、「三つ子の魂百まで」ではありませんが植物も小さな頃が大切なのです。

長年私が良い苗を観察していると、生命力があふれているからか、苗が「早く定植して〜もっと大きくなりたい〜」と訴えているように感じるのです。**元気な苗は人に育てられるというより、自ら成長するパワーがあります。**初心者でもよほどおかしなことをしない限り、まず枯れることはありません。野菜苗づくりは、発芽温度管理や水分管理などかなりの経験と手間が必要になります。そこで野菜づくりの初心者は、野菜苗を購入する方法が断然おすすめです。

Point

良い苗を購入するためのポイント

Point 1

お店の入荷日に苗をゲットしよう！

市販されている多くの野菜苗は、プロの苗生産者が作っています。苗の品質が良くなければ、園芸店やホームセンターが購入してくれません。苗が生産者から販売店に入荷するときや、入荷日から数日の間に購入すれば苗の品質に間違いありません。お店で苗の入荷予定日を聞けば教えてくれると思います。大型店ならサービスカウンターなどで聞いてください。

それでは、なぜ入荷日に苗を買った方が良いのでしょうか。野菜苗は苗生産者からお店に陳列されると、良い苗でも劣化が始まります。劣化の原因はいろいろあるのですが、まずは多くのお客さんに苗を触られるので、不用意に触られることによるストレスがかかります。葉や茎が折れることすらあります。また、苗の生産地では苗と苗のすき間を取って風通しが良かったのですが、お店では限られたスペースに多くの苗を置くので蒸れてきます。

さらに、大型店に多い傾向ですが、販売スタッフの人数に対して苗の数が多すぎるので、水やりが間に合わなく、水切れを起こしてしまいます。こうした事が重なり、折角の良い苗が日に日に悪くなるのです。

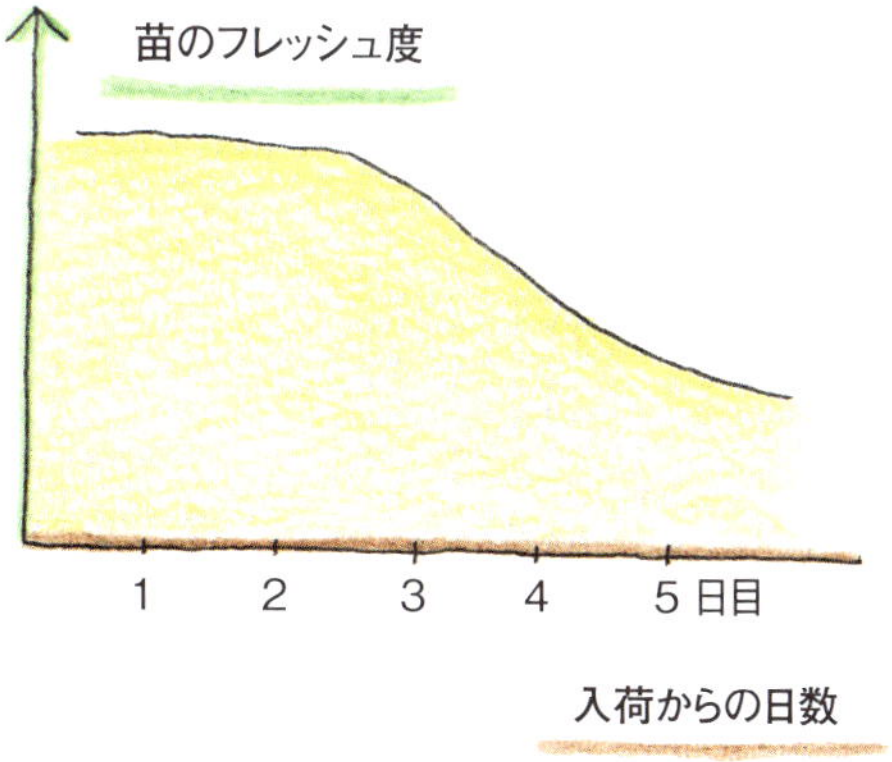

Point 2 ふた葉の付いた苗をゲットしよう！

良い苗は、次の❶〜❺のポイントを見て選びましょう。特に私が見るのはふた葉です。ふた葉は発芽して最初に出ます。苗づくりがうまくいくと、まず大きくて厚みのあるふた葉が出ます。最初に出たふた葉は一番古い葉です。苗の生産する過程で、水切れなど苗にストレスがかかると、まずふた葉を落葉します。購入するまでふた葉が残っていたということは、苗づくりの途中で水切れなどストレスがなかった証拠になります。

　つまり生産履歴がふた葉でわかるのです。

良い苗とは？

❶ 茎が太くてまっすぐのびている
❷ 葉が大きく厚みがあり、枚数が多い
❸ 葉と葉の間が狭い
❹ 株元がぐらついていない
❺ ふた葉が付いている

ふた葉が大切

Point 3

自根苗にするか、接木苗にするか、迷ったら接木苗

苗には、種から育てられた自《じ》根《こん》苗《なえ》、実《み》生《しょう》苗《なえ》と、病気に強い品種の根に接木した接《つぎ》木《き》苗《なえ》の2種類があります。はじめて植え付ける菜園やプランターなら自根苗でＯＫです。ただ、野菜づくりを継続的に行っている場合は、病気が発生する可能性が高まるので、接木苗がおすすめです。

自根苗、実生苗

接木苗

Lesson 12 発芽スイッチを入れるには種と土の密着度が大切！

Ｌｅｓｓｏｎ11では野菜づくりのスタートは、苗を購入して、苗から始める方がおすすめですとお伝えしました。しかし、苗が売っていない野菜もあります。**ニンジンやダイコンは苗がないので、種から育てる必要**があります。初心者の方は、発芽しやすいダイコンがおすすめです。プランターでも栽培できる丈が短い品種もあります。

ところで、種からの栽培には苗にはないメリットもあるのです。それはベビーリーフが育てられるということ。ベビーリーフはくせが少なく、やわらかいのでサラダのトッピングなどに使うことができます。種は発芽率を考慮して多めにまきますから、間引き菜を無駄なく食べることができます。チンゲンサイ、コマツナ、シュンギクなどの葉物はもちろん、ニンジンの間引き菜のかき揚げも絶品です。

ベビーリーフ

ニンジンの間引き

Point

種まきのポイント

Point 1　種まきの覆土には「砂」か「種まき用の土」を使う

土の中にいる土壌微生物からすると、種だってエサです。それどういうこと？　と一瞬とまどってしまう方に解説します。われわれは種を種ととらえて種まきをしています。しかし、土壌微生物はどうでしょう？　彼らにとっては、種も生ゴミも何ら変わらないのです。生ゴミを堆肥化させるときによく土壌微生物の助けを借りますが、種だけ堆肥化せず残ることはまずないですよね。つまり、土壌微生物の多い肥料や堆肥の入った肥沃な土は、野菜づくりにとって最適ですが、無防備の種にとっては敵の多い土になってしまうのです。そこで、種まきのときに種の上に被せる土（覆土）は、種の敵がいない砂を使います。砂はホームセンターの左官コーナーなどにあります。園芸店なら種まき用の土を購入しましょう。

Point 2　種まき前に土をしっかり湿らせる

種まき後に水やりするものだと思っていませんか？　実は種まき前の水やりが大切です。種まき前に土をしっかり湿らせていると発芽までの間、土が乾燥しにくくなり発芽率が高まります。種まき後の水やりは、覆土が湿る程度のやさしい水やりで十分です。

Point 3

覆土は種の直径の2～3倍の深さまで

種まきの覆土の深さは、種の直径の2～3倍で十分です。厚めに覆土すると、発芽した種が地上に出にくくなります。水をまいた砂の上に種を置き、その上に砂で覆土します。

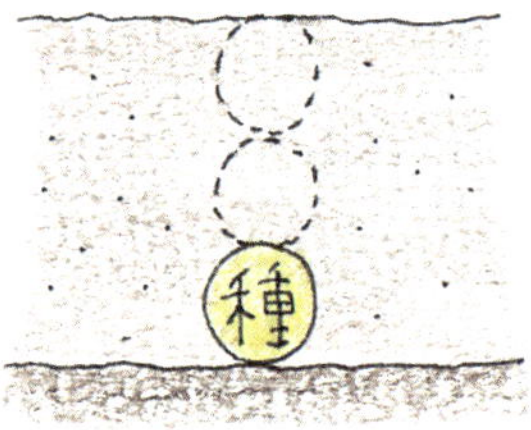

Point 4

種と土を密着させる

種まきして覆土が終わったら、手のひらでやや強めに覆土を押えてください。湿った土と種がギュッと密着することで、発芽スイッチが入ります。また、押えることによって地中の水分が地上部とつながり、土が乾燥しにくくなるという利点もあります。

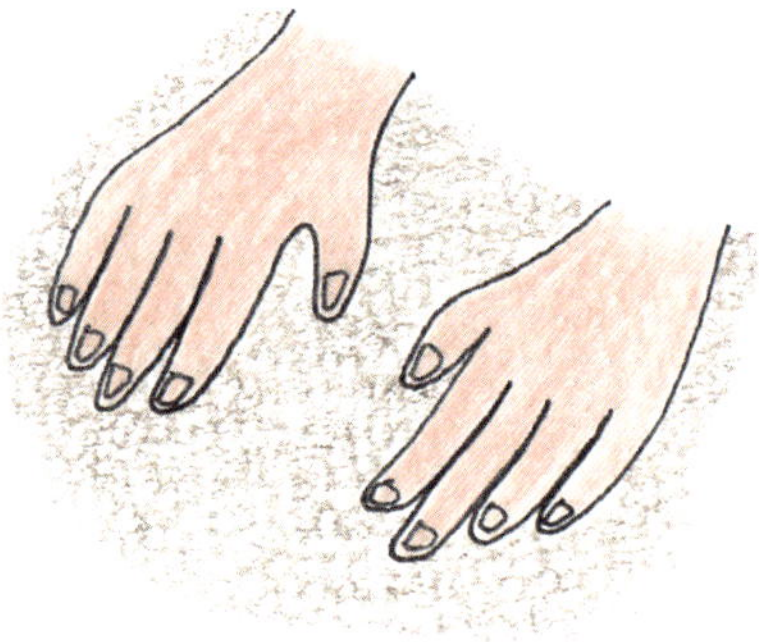

Point 5

発芽まで土を乾燥させない

発芽までは覆土を乾燥させないようにしますが、この時の注意点として、種が流れないようにやさしく水やりしてください。覆土が湿る程度で十分です。

Point 6

雨の前日に種まき

雨の日の前日は気圧が下がり、湿度が高まる傾向にあります。自然界の植物は、人為的な水やりは期待できないので気象変化を敏感にとらえ、発芽の備えをしているように思います。だから、雨の日の前日に種まきすると、発芽率が上がるような気がします。

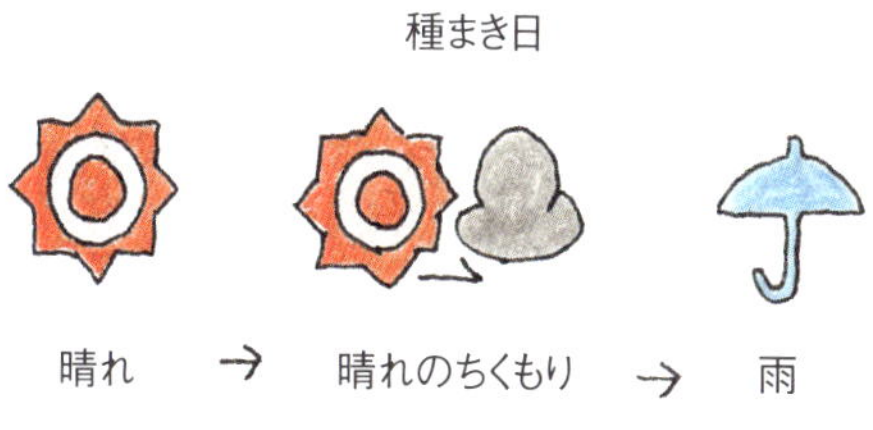

Lesson 13-19

第3章

畑を借りてはじめる自給自足

Lesson 13 畑を借りるときは生えている雑草を確認する

借りようと思っている畑が雑草だらけ…。あなたならどう思います？　私なら**こんなに植物（雑草）を育てる力のある土なら、さぞかし野菜（植物）が育つ力がある**のでないだろうか、と考えます。**人間がなにもやらなくても、雑草が勝手に生えているのは自然の営み**です。その土のパワーを人間の力で野菜の方に向けてやるのです。実は、その土がどのくらい野菜を育てる力があるのかは、生えている雑草の種類でわかるのです。また、雑草の種類でどの程度土壌改良したら良いのかもわかるのです。**その場所に生えている雑草は、偶然そこに生えているのではなく、必然的にそこに生えている**のです。わざわざお金を払って専門機関で土壌分析しなくても、土壌の状態がおおよそ雑草でわかります。それは、以下の❶から❺の条件で決まってきます。

❶ 土壌の酸性度
❷ 日照条件
❸ 土壌水分量
❹ 土壌の肥沃度（土がどのくらい肥えているのか）
❺ 土壌の硬さ

雑草check

カラスノエンドウやツユクサが生えている場合

少し水分量が多いので数cm畝高にしてください。バーク堆肥を1㎡に20リットル程度すき込んで土壌改良してください。

雑草check

シロツメクサ（クローバー）やヨモギなどが生えている場合

シロツメクサのようなマメ科植物は、根に根粒菌という空中の窒素を固定し植物に吸収させる機能を持っているので、土に栄養が少なくても成長します。この場合は土壌の肥沃度が低いので、バーク堆肥を1㎡に30リットル程度すき込んで土壌改良してください。

雑草check

タンポポ、セイタカアワダチソウやススキの仲間が生えている場合

土が固く、土壌の肥沃度が極端に低い状況が考えられます。まずかたい土を耕します。このような場所に生える草は根が強いものが多いので、できる限り根を取り除きます。バーク堆肥を1㎡に40リットル程度すき込んで土壌改良してください。

雑草check

スギナやカタバミが生えている場合

土壌が酸性気味です。多くの野菜は弱酸性を好むので、少しアルカリ資材（有機石灰）を入れて、酸性⇒弱酸性にしてやります。1㎡あたり3握り程度すき込んでください。野菜の生育過程で、スギナなどの勢いが徐々になくなっていくのが理想です。これらを悪者扱いし、いきなり一掃しようと思わないでください。急激な環境変化は野菜はもちろん、肥料などを分解して植物の吸収を助けてくれる土壌微生物にとっても不都合です。例外として、ジャガイモは酸性土壌を好むので、手を加える必要はありません。

雑草check

ドクダミが生えている場合

土壌水分量が多いか、日陰になっている可能性があります。水分量が多い場合、高畝（畑をかまぼこ状に盛り上げた畝）にしてください。これなら水が溜まる場所でも大丈夫です。日陰の場合、陰を作っている樹木等を剪定して日照を確保してください。

雑草check

ハコベやホトケノザが生えている場合

野菜が育つベストな環境です。畝の高さも現状のままで良いです。

Lesson 14

畝の幅や高さや方位はまわりの農家さんと同じにする

畝の幅や高さは地域によって異なります。**結論からお伝えすると、畝の幅や高さや方位に迷ったら、まわりの農家さんの真似をしてください。**土壌の水分量やその固さによって、長年、畝の形に改良を加え野菜を作ってきた歴史があります。NHKテレビ「趣味の園芸・やさいの時間」のロケ地の畝の高さは低めです。私は収録している畑の排水性は良いのではと考えています。例えば、私の借りている田畑は排水性が良くないので、テレビと同じ畝の高さにしても野菜は育ちません。テレビや本に頼らず、身近な農家さんの田畑を観察してみましょう。

次に畝の方角ですが、原則は南北方向に作ります。理由は簡単。**畝を南北に作ると、どの畝にもまんべんなく日が当たるから**です。東西方向で作ると、背の高い野菜が畝の前列にある場合、後列の野菜は日が当たりにくくなってしまいます。ただ場所によっては、排水性を優先して東西方向など方角を変えることもあります。畑全体の水の流れや水勾配を

高い畝にすると乾燥気味に管理できます。

例えば、トマト、ジャガイモ、サツマイモが良いです。

低い畝にすると湿潤気味に管理できます。

例えば、タマネギ、キュウリ、リーフレタスなどの葉物野菜が良いです。

なぜ畝を作るのでしょうか？
知っておきたい3つのこと。

一番大切なこと

雨の日に野菜の根が水に漬からないようにするため。根が腐るのを防ぐ

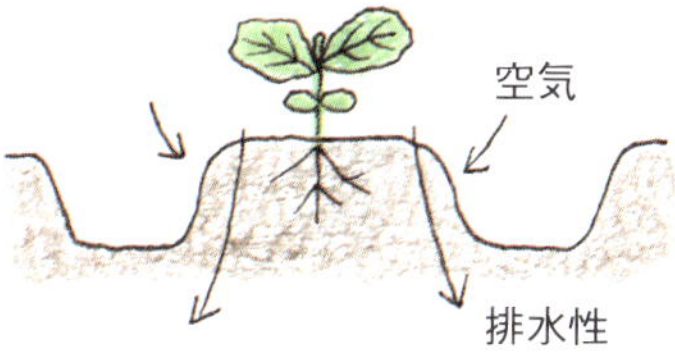

次に大切なこと

排水性を良くして、野菜の根に新鮮な空気を吸わせるため

その次に大切なこと

畝があると、野菜の根が隣の畝に移動しにくくなるため、連作障害を軽減できる

考えてのことなのですね。**水の流れは雨の日に見に行くと良くわかります**よ。

Lesson 15 植え付けエリアを4ブロックに分ける

「連作障害」ということばをご存知ですか？　連続して同じ種類の野菜を作ると、収量が落ちたり、途中で病気が出て枯れやすくなったりするなど、何らかの障害が出るという意味の園芸用語です。野菜づくりの本にはまず書いてありますし、菜園好きが集まると必ずこの話題になる、といっても過言ではありません。ここでも結論からお伝えしますと、**連作障害を気にしなければならない野菜はトマトとエンドウの仲間だけです。**今までの野菜づくりの本とは違う！　と読者の声が聞こえてきそうですね。そもそも私はコンパクトな庭や貸農園の規模では、**すべての野菜を連作しないようにすることは不可能**とすら考えています。そこで、どうしても連作障害が避けられないトマトとエンドウに絞った植え付け計画を考えました。それ以外の野菜は出来る範囲で連作を避けるようにしてください。こんなことをいい切る専門家は少ないと思います。**ただ現実を考えると、理想ばかり追求できません。**どうですか？　少し気が楽になりましたか？

植え付けエリアが4ブロックに
分かれていれば、大丈夫です。

裏技として・・・

トマトとエンドウだけは庭や畑に植えずに、菜園用のプランターで栽培するという方法もあります。トマトとエンドウが庭や畑にないと、かなり自由に作付けできるようになります。加えて毎日のように収穫できるエンドウは、収穫期だけキッチンの近くにプランターを移動して楽しむこともできます。

プランター栽培は、
トマトやエンドウにとっても好都合なのです。
菜園用のプランターひとつでも
こんなに収穫できます！

ミニトマト

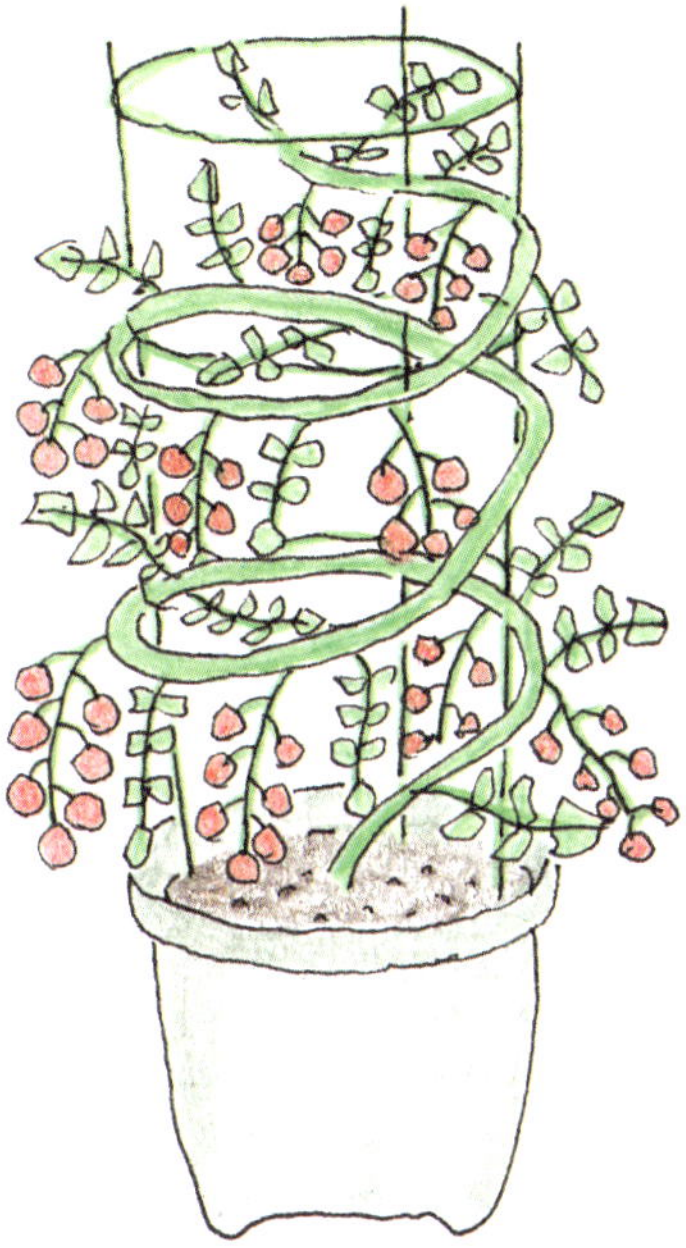

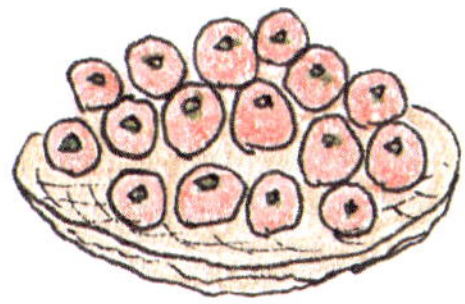

1株で100個以上収穫できる

スナップエンドウ

1鉢で毎日収穫できる

Lesson 16 完全自給自足する場合は100坪の畑が必要

Q 「はたさん！　100％自給自足しようと思ったら、どのくらいの面積が必要なの？」とよく聞かれます。

A 「約100坪です」と答えています。

100坪はちょっと広いな〜と感じるなら、**葉物野菜中心なら50坪でも大丈夫**です。カボチャやスイカやサツマイモや大豆など、葉物野菜以外のものは広い面積を必要とするので、そういった野菜は作らないで購入する、という選択肢も私は大賛成です。とにかく頑張りすぎず、**なが〜く続けることが一番大切**ですからね。

私の畑は約100坪ですが敷地の形状が三角形なので、読者の皆様にわかりやすいようにこの本では、正方形に形を変えて説明をしていきます。畑全体をイラストのように36カ所に分けることだけ理解していただければ、どのような変形地でも応用できます。

さあ、始めましょう!

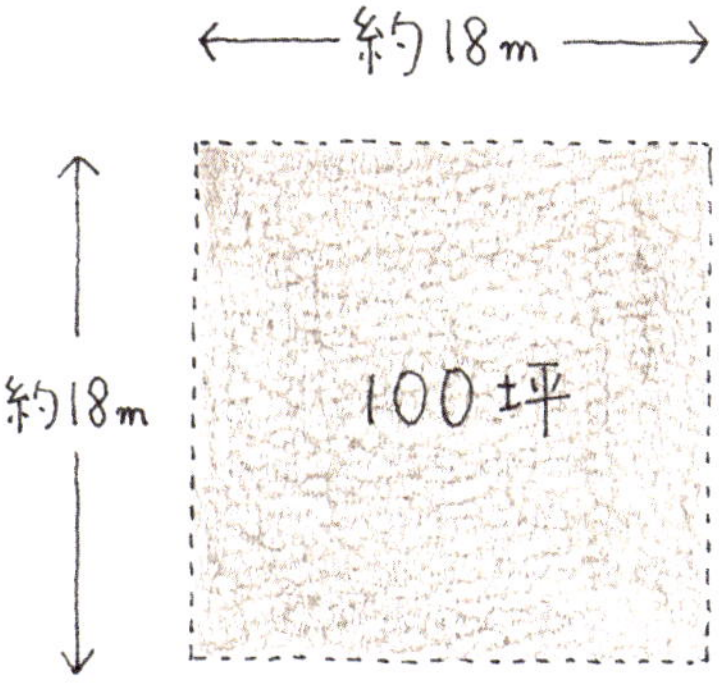

1 100坪は約18m×18m

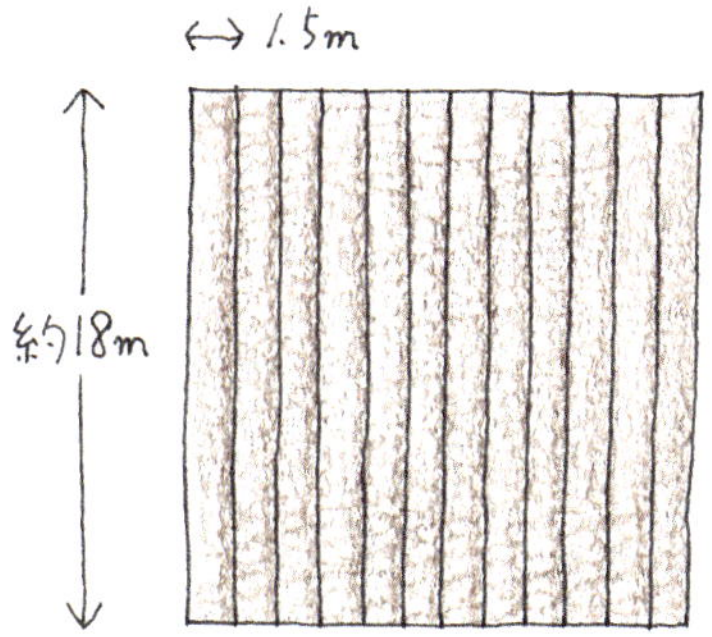

2 畝幅60cmなら、12列くらいに分割できる

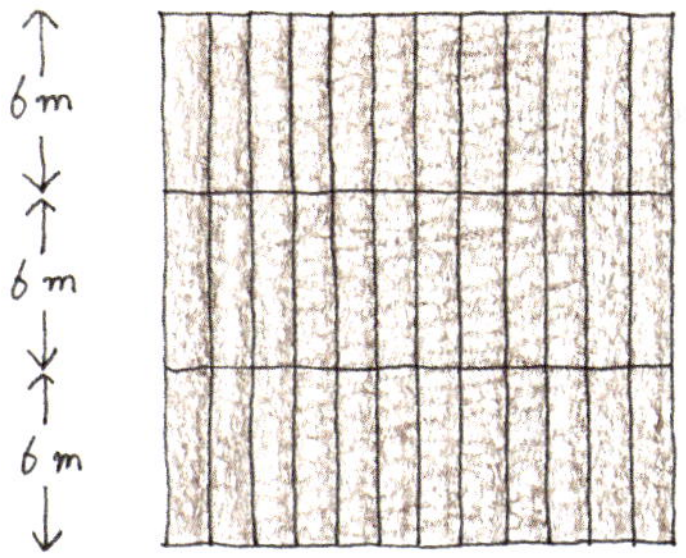

3 1列を6mずつに分けると、3カ所に分かれる

4 12列あるので全部で36カ所に分かれる。それぞれ、1、2、3、・・・36と番号を付けていく

Lesson15でもお話ししたように、トマトとエンドウだけ連作障害に気をつける栽培計画でOKです。

100坪自給畑の作付け例

3月

6m	超極早生タマネギ	晩生タマネギ	ニンニク			コマツナ・チンゲンサイ	リーフレタス	ブロッコリー	キヌサヤ・ソラマメ	イチゴ	ジャガイモ	ジャガイモ
6m	超極早生タマネギ	晩生タマネギ	ラッキョウ	ニンジン	ダイコン・コカブ	ダイコン・コカブ	リーフレタス	キャベツ	キヌサヤ・ソラマメ	イチゴ	ジャガイモ	ジャガイモ
6m	早生タマネギ	晩生タマネギ	ニラ・アスパラ・ミョウガ	九条ネギ	ニンジン	シュンギク	セロリ・パセリ	ケール	キヌサヤ・ソラマメ	イチゴ	ジャガイモ	ジャガイモ

約18m

4月

6m	超極早生タマネギ	晩生タマネギ	ニンニク			コマツナ・チンゲンサイ	リーフレタス		キヌサヤ・ソラマメ	イチゴ	ジャガイモ	ジャガイモ
6m	極早生タマネギ	晩生タマネギ	ラッキョウ			ダイコン・コカブ	リーフレタス	キャベツ	スナックエンドウ	イチゴ	ジャガイモ	ジャガイモ
6m	早生タマネギ	晩生タマネギ	ニラ・アスパラ・ミョウガ		ニンジン		ダイコン・コカブ	ケール	ウスイエンドウ	イチゴ	ジャガイモ	ジャガイモ

凡例

種まき　苗の植え付け　育成&収穫（育成がメイン）
育成&収穫（収穫がメイン）　休耕（植え付けなし）

5月

約18m（縦）×約18m（横）

スイカ	晩生タマネギ	ニンニク	トマト・バジル	ナス	コマツナ・チンゲンサイ	リーフレタス	ズッキーニ	キヌサヤ・ソラマメ	イチゴ	ジャガイモ	ジャガイモ
カボチャ	晩生タマネギ	ラッキョウ	ピーマン	キュウリ・シソ	ダイコン・コカブ	リーフレタス	キャベツ	スナックエンドウ	イチゴ	ジャガイモ	ジャガイモ
早生タマネギ	晩生タマネギ	ニラ・アスパラ・ミョウガ	オクラ	ニンジン		セロリ・パセリ	ケール	ウスイエンドウ	イチゴ	ジャガイモ	ジャガイモ

約18m

6月

約18m

スイカ	晩生タマネギ	ニンニク	トマト・バジル	ナス	クウシンサイ・モロヘイヤ	リーフレタス	ズッキーニ	ダイズ・枝豆	ダイズ・枝豆	ジャガイモ	ジャガイモからサツマイモ
カボチャ	晩生タマネギ	ラッキョウ	ピーマン	キュウリ・シソ		リーフレタス		ダイズ・枝豆	ダイズ・枝豆	ジャガイモ	ジャガイモからサツマイモ
	晩生タマネギ	ニラ・アスパラ・ミョウガ	オクラ	ツルムラサキ		セロリ・パセリ				ジャガイモ	ジャガイモ

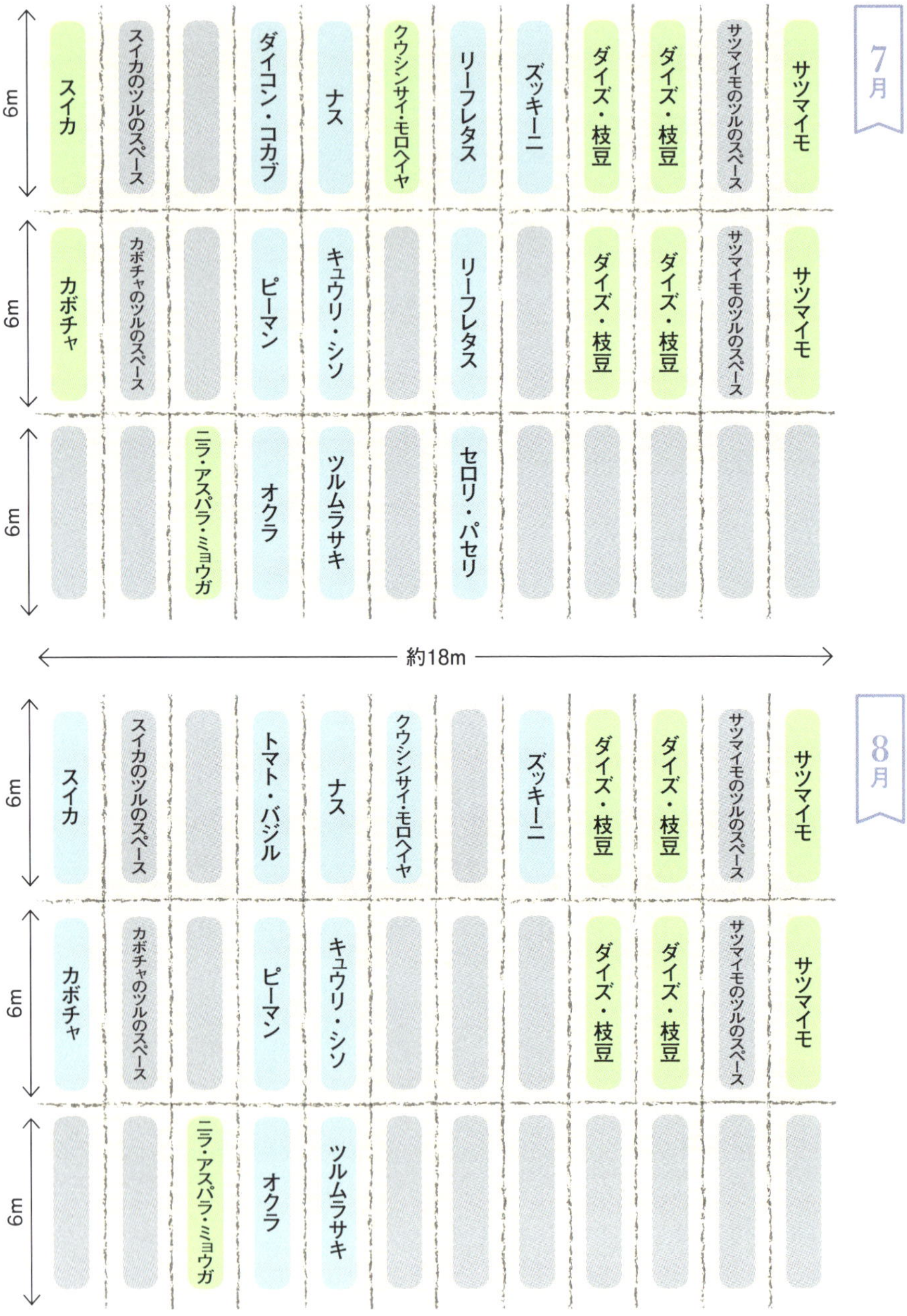
7月
スイカ
スイカのツルのスペース
ダイコン・コカブ
ナス
クウシンサイ・モロヘイヤ
リーフレタス
ズッキーニ
ダイズ・枝豆
ダイズ・枝豆
サツマイモのツルのスペース
サツマイモ
カボチャ
カボチャのツルのスペース
ピーマン
キュウリ・シソ
リーフレタス
ダイズ・枝豆
ダイズ・枝豆
サツマイモのツルのスペース
サツマイモ
ニラ・アスパラ・ミョウガ
オクラ
ツルムラサキ
セロリ・パセリ
6m
6m
6m
約18m
8月
スイカ
スイカのツルのスペース
トマト・バジル
ナス
クウシンサイ・モロヘイヤ
ズッキーニ
ダイズ・枝豆
ダイズ・枝豆
サツマイモのツルのスペース
サツマイモ
カボチャ
カボチャのツルのスペース
ピーマン
キュウリ・シソ
ダイズ・枝豆
ダイズ・枝豆
サツマイモのツルのスペース
サツマイモ
ニラ・アスパラ・ミョウガ
オクラ
ツルムラサキ
6m
6m
6m

凡例
種まき　苗の植え付け　育成&収穫（育成がメイン）
育成&収穫（収穫がメイン）　休耕（植え付けなし）

11月

6m	ニンニク	ラッキョウ	コマツナ・チンゲンサイ	イチゴ	イチゴ	イチゴ	ハクサイ			晩生タマネギ	早生タマネギ	超極早生タマネギ
6m			シュンギク	キヌサヤ・ソラマメ	スナックエンドウ	ケール	ブロッコリー	キャベツ		晩生タマネギ	晩生タマネギ	極早生タマネギ
6m	リーフレタス	リーフレタス	ニラ・アスパラ・ミョウガ	ウスイエンドウ		セロリ・パセリ	九条ネギ	九条ネギ	ダイコン・コカブ	ダイコン・コカブ	ニンジン	ニンジン

約18m

12月

6m	ニンニク	ラッキョウ	コマツナ・チンゲンサイ	イチゴ	イチゴ	イチゴ	ハクサイ			晩生タマネギ	早生タマネギ	超極早生タマネギ
6m			シュンギク	キヌサヤ・ソラマメ	スナックエンドウ	ケール	ブロッコリー	キャベツ		晩生タマネギ	晩生タマネギ	極早生タマネギ
6m	リーフレタス	リーフレタス	ニラ・アスパラ・ミョウガ	ウスイエンドウ		セロリ・パセリ	九条ネギ	九条ネギ	ダイコン・コカブ	ダイコン・コカブ	ニンジン	ニンジン

凡例

種まき　苗の植え付け　育成&収穫（育成がメイン）

育成&収穫（収穫がメイン）　休耕（植え付けなし）

Lesson 17

自給自足するためには1週間に8時間の作業時間が必要です

Q 「はたさん！　完全に自給自足するなら、1週間にどのくらいの作業すればいいの？」とよく聞かれます。

A 「平均、1週間に1日（8時間）」か、「1日1時間」と答えています。

これを聞いて、結構時間かかるなぁ。やっぱり無理かなぁ、と感じられた方へ

週に1日ということは、残り6日は畑に行きません。つまり、**ほとんど野菜たちは放し飼い状態**です。週に1日だけあなたがやるべきことをやりさえすれば、野菜たちが育つ環境は整い、野菜たちは自力で成長するのです。あなたが1週間ぶりに畑へ行った時、彼らの成長っぷりにきっと驚かれると思いますよ。野菜が育つ期間の長さで考えると、われわれが手を掛ける時間などほんのわずかなのです。

一方、もっと時間をかけた方がいいよ、と感じられた方へ。

実は私の経験からいうと、**時間があるとやらなくていいお世話までしてしまいがち**です。不必要なことまでしてしまい、そうなると、**野菜たちの自ら育つ力を半減させてしまう**ことにもなりかねません。何ごとにも通じることですが限られた時間で管理すると、今日しなければいけないことの優先順位が明確になり、**作業効率もそして野菜パワーもアップ**するように思います。

毎週1日（8時間）だけの野菜づくり。ウォーキングや山歩きなどで健康を維持するように、**〝菜園フィットネス〟で汗を流し、美味しくて新鮮な野菜を手に入れる**。まさに一石二鳥ですね。

貴重な休日がもったいない、時間が取れないという方は、毎日1時間方式でももちろん構いません。**むしろこの方が、野菜は喜びます。毎日わずかな時間でも気に掛けてもらう方がうれしい**のは、野菜も人も同じです。

Lesson 18
野菜が自らの「いのち」を育む環境を作ることが大切

ここでは野菜づくりをするときに、私が心がけていることをお話しします。私は日頃から野菜を育てるというより、**野菜（いのち）が育つ環境を作ることが大切**だと考えています。また、野菜づくり最大の醍醐味は「いのち」との対話だと思っています。「いのち」には、**「ハウツー」より「思いやり」が大切**だと思って接しています。そして、思いやりに初心者もプロも関係ないのです。

Q 「はたさん、この堆肥を野菜づくりに使っても良いですか？」とよく質問を受けます。

A 「もしあなたが野菜だったら、この堆肥がそばにいてもあっても良いと思う？」と私は聞きます。

堆肥の「におい」とか「触り心地」って実は大事だと思っています。人間も野菜も生き物なので、良い悪いの感覚は同じだと思います。また、「価格」も大切です。一般的な価格より安いものは避けるようにしてください。**良質の商品を作るためにはそれなりの適正価格**になります。

Q 「はたさん！ 水やりと肥料やりをしっかりすれば、良い野菜になりますか？」とよく聞かれます。

A 「野菜が欲しいと思うまで待ってから、タイミング良く与えることが大切です」と答えます。

われわれもそうですよね。**のどが渇いてなければ、水は飲みませんよね。お腹がいっぱいなら、目の前に好物があっても食べようと思いません**よね。のどが渇いて飲む水は体に浸透するように感じます。空腹時の食事は栄養価が効率良く吸収されるように感じますよね。

具体的な方法としては、水やりは地面が乾くのを待って完全に乾いたら水やりをしてください。これはプランターでも菜園でも一緒です。苗を育てるポットの水やりも共通です。庭や畑の場合は、**人差し指を根元まで土に挿して指先に湿り気を感じれば、まだ水やりの必要はありません**。肥料の与え方は、基本的には肥料の説明書き通りに与えれば大丈夫です。**肥料の与えすぎは逆効果**です。

Lesson 19
病気や害虫が発生した時はすぐに次の作物に変える！

Q 「はたさん！ キュウリにうどん粉病が発生しました。どうすればいいですか？」と良く聞かれます。

A 「これから病気を治そうとせず、うどん粉病のひどい葉だけ取り除いて育て収穫していきましょう。キュウリがならなくなったら、株ごと抜きましょう」と答えます。

プロでも野菜の病気は治せません。薬をかけても治りません。その野菜（いのち）が生きる力があるまで寄り添う気持ちで育て、ある時点で見切って株ごと抜き、次の野菜を育てます。

ここで重要なのは、病害虫が発生するのには必ず原因があるのでそれを追及し、次回から発生しにくい環境を作るという事です。ただ、どんな野菜も最期は病害虫にやられるか枯れるかするわけですから、これは苗が若い頃に病害虫が発生した場合に限ります。

Point

病害虫を発生させないためのポイント

Point 1

日照条件を考え植栽する。最低でも1日4~5時間の日照時間は必要です。

Point 2

間引きから連続して収穫を行い、風通しを良くする。こうする事で、野菜が刺激を受け免疫力が高まるような気がします。

Point 3

植え付け時期は指定された播種（種まき）時期を守ります。

Point 4

水やりだけでなく、土を乾かすことも大切です。土が乾くと土と土の間に、新鮮な空気が入ってきます。根は新鮮な空気を必要としています。

Point 5

肥料メーカーの肥料を適量使います。

Point 6

地表面をバーク堆肥でマルチングします。急激な乾燥がなくなり、野菜のストレスが軽減します。

Point 7

雑草をほどよく残します。

Point 8

多種多様な野菜を植えます。リスク回避につながります（この野菜が病害虫に侵されても、あの野菜は大丈夫といったスタンスで）。

Lesson 20 - 27

第4章

都会で自給自足する魅力

Lesson 20
都会で自給自足するとメリットがいっぱい

自給自足というと、地方へ移住して古民家をリフォームして暮らすといったイメージがありませんか？　地方は都市に比べて空気がきれいで、水もおいしく、物価も安くて暮らしやすいのは確かです。でも私が実践している**都会や都市近郊のニュータウンで自給自足を開始する方が、実はスタートラインとしては敷居が低い**と思っています。これならば、今までの仕事をやめる必要がなく、生活を一変させることもなく、始めることができます。お試し期間と捉えるのも良いでしょう。これでは物足らない、どっぷり自給自足したい、と思ってからでも地方移住は遅くないです。

「じゃあ畑地はどうするの?」という声が聞こえてきそうですね。今住んでいる所から30分も車を走らせば、田畑が広がっている場所があるよという人は結構多いのではないでしょうか。実は畑をだれかに貸して管理してもらいたいと思っている人はたくさんいます。自治体や民間が行っている貸農園の空きがないからといって、あきらめないでください。休耕している畑はたくさんあります。知人友人に「都市近郊で自給自足したいけど、私に畑を貸してくれる所ないかなぁ？」と言い続けてください。そうすれば**必ず、どこかでつながってきます**。

メリット

1

都会の田畑はイノシシやシカの害がない

イノシシやシカの被害は本当に深刻で、プロの農家さんでも頭を抱えています。電気柵や網を張りめぐらせる時間とコストのことを考えると、それらの害のない場所の方が良いと思うのです。

メリット

2

仕事と自給自足を両立させやすい

地方に比べて、都市部には仕事の職種や求人が多いので、各自に合った仕事を続けながら自給自足することが可能です。子どもにとっては学校や塾の選択肢も増えます。

メリット

3

雪の害が少ない

自給自足をするなら、冬でも葉物野菜が収穫できる場所が良いと思います。私の住んでいる奈良市でも冬は氷点下になる朝もありますが、雪はめったに積もらないですし、寒さ除けに寒冷紗をハクサイやレタスに掛けておくと、寒さで葉物野菜が傷むことはありません。年中収穫が途切れません。

メリット

4

都会の利便性を享受できる

都会やニュータウンなら大きな病院やショッピングモールがあり、自給自足では補えない部分を補填する施設がたくさんあります。また、私は自家用車を持っていません。近くにレンタカーやカーシェアがあるので、使用目的に合わせて今日は乗用車、今日は軽トラと自在に使い分けています。自宅の駐車スペースも菜園化できて、良い事づくめです。駐車スペースって、車が横付けできて、日当たりがいい所が多いので、実は菜園一等地なのです！

Lesson 21
都会の戸建て住宅でもここまで菜園化ができる

私の家は奈良市にあります。大阪や京都の中心部へも1時間以内でアクセスでき、特急も停まる最寄駅から徒歩7分です。土地の面積は67坪です。ニュータウンに良くあるタイプの東入り（東側が道路に面している）の宅地です。わが家の場合、東西南北をこのように使っています。

北側の庭

北側は物置かゴミ置き場くらいに考えている方はおられませんか？　もったいないですよ〜。北側の庭は日陰の庭です。湿り気も多く、とても野菜が育つ環境と思えないと思います。しかし、**自然界に目を向けてみると日陰を好む植物もある**のです。わが家の北側の庭は幅が2mですが、実に多くの植物が栽培されています。ご紹介します。

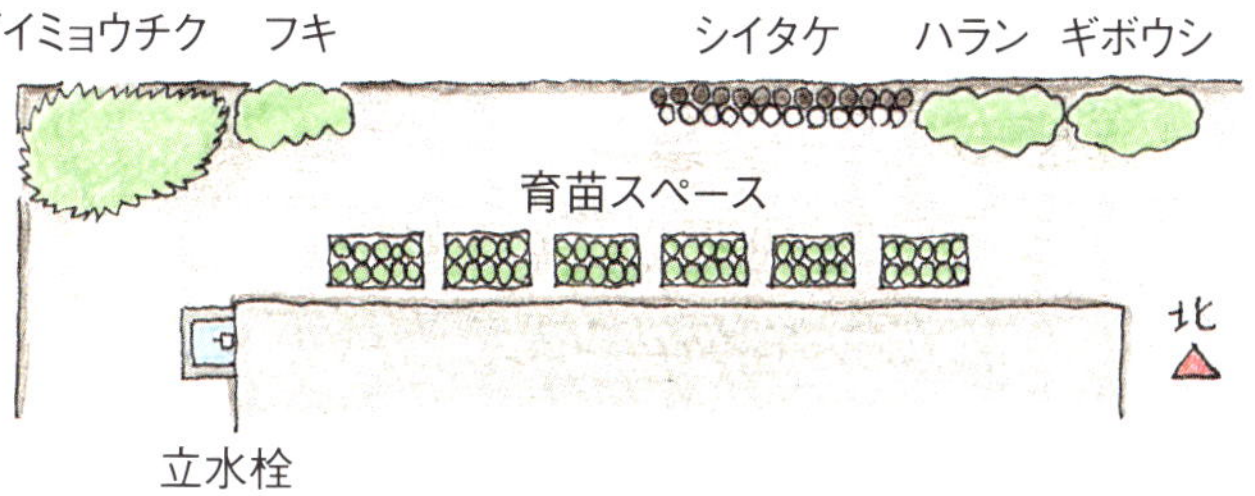

シイタケ

メインの野菜？　それはシイタケです。きのこガーデンと呼んでいます。原木シイタケは、林の中の日中でも薄暗い湿った場所で栽培されています。住宅地の庭では、北側であってもシイタケにとっては明るすぎるので、夏はヨシズを掛けたり水やりをして湿り気を保ちます。シイタケの原木と種菌はホームセンターや通信販売で購入できます。

ハラン

ハランも日陰を好む植物です。お弁当の仕切りに使う緑色のプラスチックのバランの本家本元です。天然のハランには抗菌作用があるようです。スーパーで買ったお稲荷さんも、こちらに載せればお寿司屋さんのお稲荷さんにグレードアップ!?

フキ

フキも日陰の代表選手です。早春の庭先でフキノトウが採れるのですよ。もちろんフキも収穫できます。香りが最高です。

ギボウシ

ギボウシは緑化植物ですが、新芽を茹でて山菜として食べることができます。あまり食べすぎるとなくなってしまいます。

ダイミョウチク

竹も北側の庭で十分です。ダイミョウチクは細竹なので、夏野菜の竹支柱として利用します。竹の仲間は、地下茎が広がらないように、波板等を土の中に埋め込むようにするといいです。

育苗スペース

ご存じない方が多いのですが、種まき直後の育苗ポットは発芽までは直射日光は必要ありません。発芽まで土の湿度を保つためには、北側の庭の環境は好都合なのです。発芽したら、移動して日に当てます。

植付け苗の仮置き場

購入した苗を2～3日仮置きする場合は、北向きの庭の方が苗の傷みが少ないのです。

庭先菜園

東側の庭

道路に面した東側の庭は、わが家のメインの菜園になります。Lesson8でご紹介した木枠型が設置されている菜園です。一年中、半日しか日が当たりませんが、**夏野菜も冬野菜も十分楽しむことができます**。私が出演しているNHKテレビで紹介される菜園もこの東側の菜園です。朝日が降り注ぐので、夏はもちろん寒い冬の朝でも気温が上がりやすく、**野菜の目覚めと同時に日が差すので野菜たちも喜んでいる**ようです。受粉時には昆虫の助けを借りて実を付けるズッキーニなどは、花が咲いていても気温が上がらなければ昆虫たちは動いてくれません。しかも受粉は、午前10時頃までに行われないと実が結実しないのです。ですから、東側の庭は半日しか日が当たらない西側の庭より、野菜たちや昆虫たちにとっては大変好都合な場所なのです。

わが家のメインの菜園は、栽培場所であるとともに野菜をストックしておく所でもあります。必要な分だけその都度収穫すれば、冷蔵庫に入れる必要もありません。特に細ネギやパセリやリーフレタスは年中東側の菜園に植えてあり、いつでも採れる状態です。

季節ごとの様子を紹介します。

秋の庭先菜園

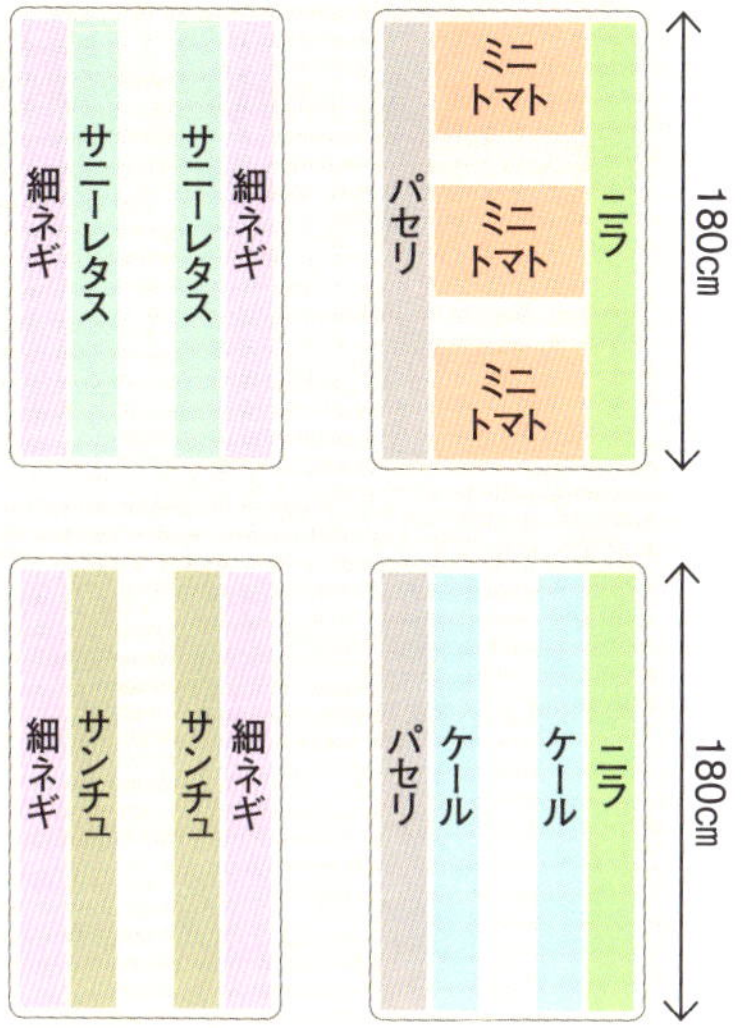

春の庭先菜園

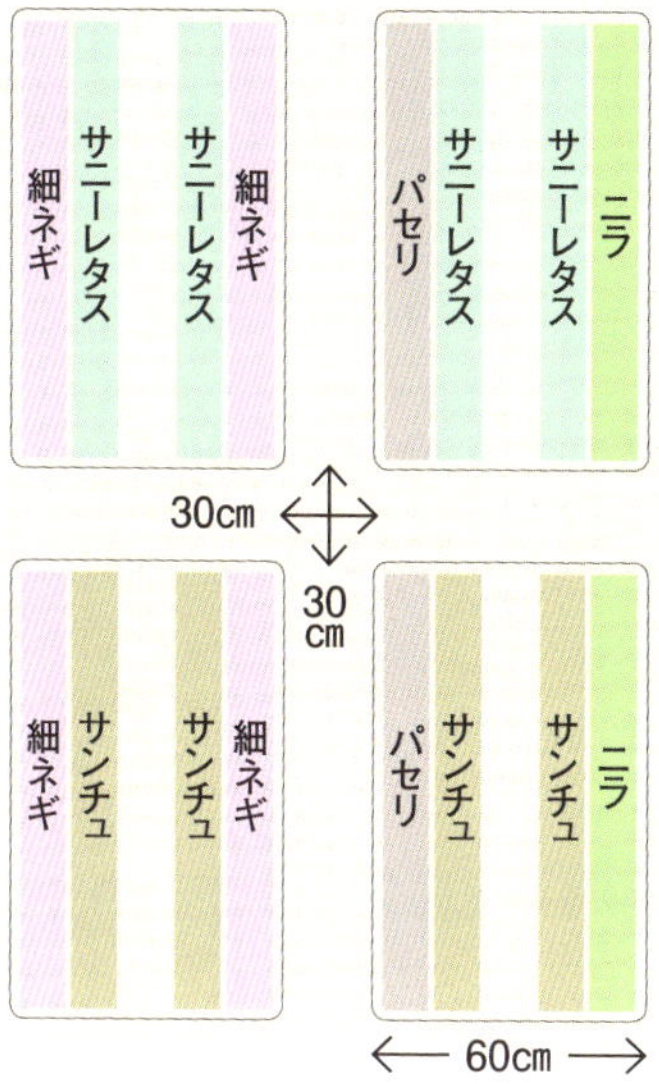

冬の庭先菜園

夏の庭先菜園

南側の庭

南の庭をメイン菜園にされているお宅も多いと思いますが、わが家の南の庭には菜園はありません。普段、畑に行かなくても少しだけ使うネギなどは東側の菜園で十分なので、南側の庭は、落葉樹がメインの雑木林になっています。**できるだけクーラーを使わず、涼風を室内に取り入れたいための緑陰**となっているのです。さらに日を遮るためデッキのパーゴラ部分にブドウをはわせています。

南側の庭をメイン菜園にする場合の例

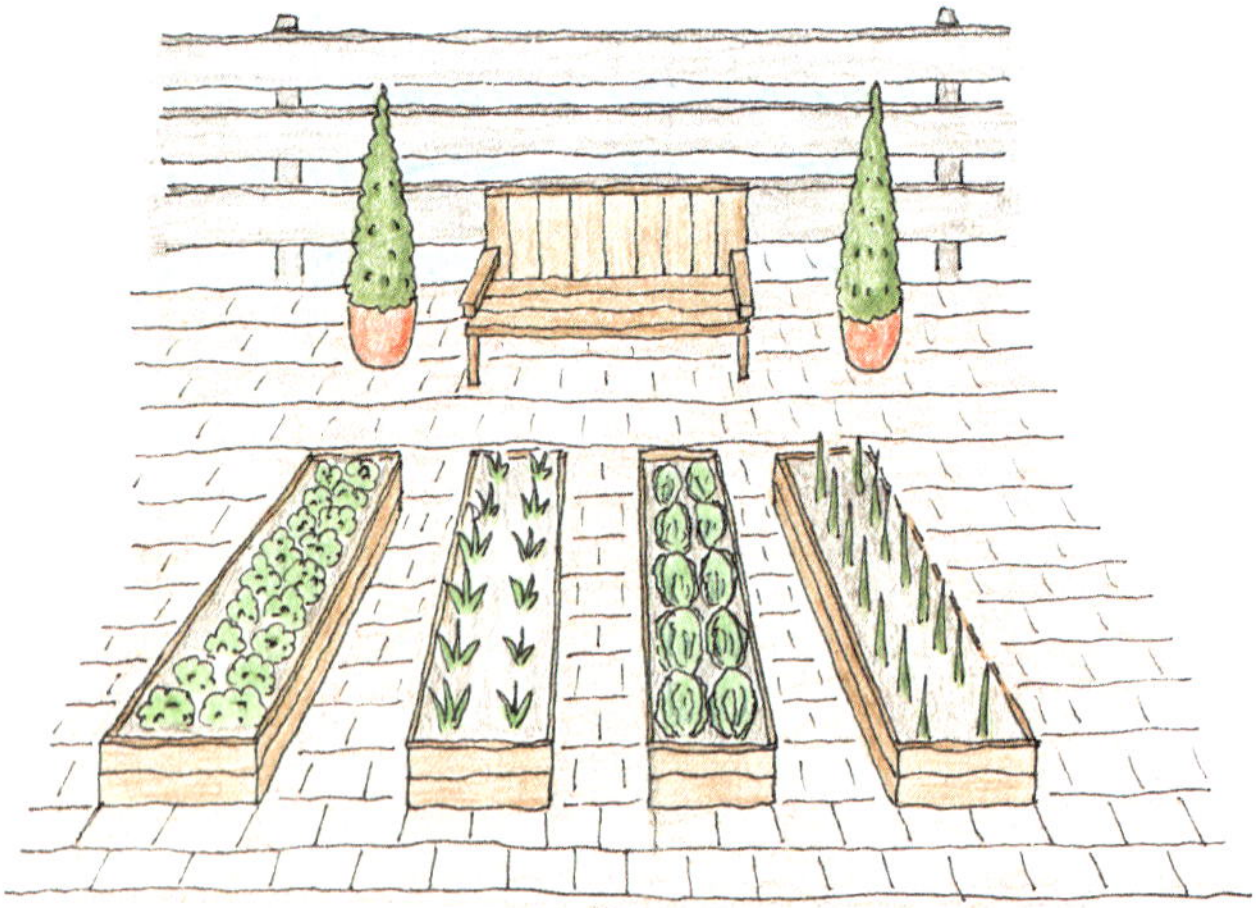

西側の庭

わが家は薪ストーブがあるので、屋根の付いた薪置き場になっています。ここは、タマネギやニンニクの保存場所になっています。**タマネギやニンニクは雨さえ当たらなければ、西日が当たっても腐ることはありません**。ただ、日に当てない方が良いので薪の陰で吊るしています。わが家にはありませんが、カーポートの屋根と車のすき間も吊るす場所としておすすめです。

空き駐車スペースの利用

私が以前住んでいた住宅にはコンクリート土間の駐車スペースがありました。このような場所でも、Ｌｅｓｓｏｎ8でご紹介した木製の菜園ボックスを設置して、野菜づくりを楽しむことができます。コンクリートの床は暑いという印象がありますが、野菜づくりは水やりをするので、土の温度はそれほど上がりません。**私が実証済みです。ご心配なく。**

Lesson 22 都会のマンション菜園へのアドバイス

マンションの場合は管理規約があるので、まずはそれを読んで、それから以下の内容を参考にしてください。最近では大きなバルコニーやスロップシンクの付いたマンションも多くなり、以前よりガーデニングしやすくなっているように思います。しかし、マンションのバルコニーは洗濯物や布団を干すスペースでもあります。その中で菜園スペースを確保するとなると、さまざまな工夫が必要です。**夏のバルコニーの高温対策や、強風時の対策も考える必要があります**。

明るい色のプラスティックのプランターを選びましょう。

明るい色のプランターは太陽光を反射します。プランターがあたたまると土が異常に熱くなり、植物の成長が悪くなります。またプランターの底にすき間があくように、レンガや木っ端などの上に載せましょう。鉢底の風通しを良くするためです。

バークマルチを厚めに敷き詰めましょう。

バルコニーが高温になると、土が急激に乾燥します。バークマルチ（バーク堆肥を敷き詰めること）を厚めに敷いておくと緩和されます。わずかなことですが、かなり効果的です。

ソーラー式の簡易扇風機を菜園スペース全体に当てましょう。

バルコニーが高温になって無風状態が続くと、植物のストレスが一気に高まります。少しの風があるだけで植物のコンディションが随分良くなるのです。農業用の温室でも大きな扇風機がまわっていますよね。暑くても風があると何とかなるものです。

立体菜園のすすめ

立体的にプランターを配置することをおすすめします。イラストのように上下の棚を作って2階建てで栽培するとか、ひな壇状にして限られた太陽光を全プランターに当てるように工夫すると、省スペースでたくさんの野菜栽培が可能になります。棚をＤＩＹで作っても楽しいですよ。

強風時の避難方法も考えておくと安心

台風などの強風時にどのようにするのかも、あらかじめ考えておくと良いでしょう。大きなプランターで小さな鉢を囲むことも効果的です。

丈夫なツールボックスを物置代わりに

ツールボックスがあると残った肥料や土、作業道具をしまっておけるので、バルコニーがスッキリします。また、休憩のベンチにも使えるので便利です。丈夫な良いものを購入しましょう。

マンションのバルコニーは地中海性気候です。

マンションのバルコニーは高温で乾燥しています。ミニトマトやバジルなど地中海性気候にあった野菜づくりから始めることをおすすめします。

Lesson 23

今から家を造ろうという人へのアドバイス

都市部でこれから家を造ろうと思っている方はぜひ参考にしてください。

屋上を使えるようにするため、フラット屋根の家にしましょう。

都市部で菜園は難しいと思われている方は、ぜひ屋上を活用できるようにしてください。都市部においても、屋上は日照条件や風通しが良く、野菜づくりに適した場所なのです。私の経験上、住宅の設計士で屋上利用の提案ができる人は限られているので、依頼者から積極的に要望しなければ実現しません。ただし、建物の上に直接軽量土壌を載せる設計はおすすめできません。ハウスメーカーでも各社独自の工法を持っていますが、軽量土壌は野菜づくりに向いていないですし、建物積載荷重の関係や防水、防根処理など設計が複雑になるにも関わらず、満足なものはできません。それではどうするのか？　ずばり！　屋上菜園の仕様は菜園プランターを置くだけで十分です。設計士には屋上まで上がれて転落防止手すりがあり、歩行ができるところまでの設計施工を頼んでください。プランターを置く場合は設計上の積載荷重には関係しませんが、念のため設計士に確認してください。

屋上菜園に、あったらいいな〜は……

1. **水栓**……水栓は簡易自動灌水を設置できるように、双《ふた》口《くち》水栓が良いです。
2. **ホースリール**……おしゃれなホースリールなら、屋上庭園のワンポイントになります。
3. **スロップシンク**……収穫した野菜や道具を洗うことができます。
4. **エレベーター**……屋上までホームエレベーターがあれば土などの移動に便利です。
5. **折りたたみできる日除けパラソル**……使わないときの収納スペースのことも考え、折りたたみ式がいいでしょう。作業中の休憩時のために日陰を確保します。

キッチンの勝手口近くに菜園を作りましょう。

スパゲッティにちょっとバジルを、お味噌汁に細ネギを、ということが日常的に可能になります。毎日使う菜園は、毎日お世話したくなるものです。

高低差のある敷地は、高低差を利用する

高低差のある敷地を擁壁などでフラットにすることは、お金が掛かりますし、菜園にとってベストな選択肢ではありません。敷地に高低差がある場合、地中に染み込んだ水は動きやすくよどむことはありません。植物は水は必要ですが、動いている水が大好きです。高低差を上手に利用して菜園ができるのであれば、ぜひそれを利用しましょう。レモンなど果樹を育てる場合も、高低差のある斜面地の方が平地より良いのです。

Lesson 24

垂直面を使えば都会でも十分楽しめる！ベジタブルハンギングのすすめ

都市部では、なかなか理想の広さの菜園を確保できる人は少ないと思います。**平面で足りなければ、垂直面を活用する手もありますよ。使う資材はハンギングバスケット**です。いろいろな商品が販売されていますが、私のイチ押しは伊藤商事の「スリットバスケット」です。全国の園芸店やホームセンターで手に入ります。この商品はわれわれプロも使いますが、はじめての方でも簡単に楽しめるのでおすすめです。

ハンギングというと花苗を植え付けるのが一般的なのですが、私はこれに野菜を植え付ける提案をしています。ハンギング（スリットバスケット）の最大のメリットは、**バスケットボール大ほどのスペースに、野菜苗が12苗も植え付けることができる**ことです。壁にハンギングしているので風通しが良く、日当たりも確保できるので、これほどの密植状態でも問題なく育つのです。地面から離れているのでジメジメせず、ナメクジやダンゴムシなども寄り付きにくいです。唯一の欠点は土が乾きやすいことです。水やりを省力化するためには簡易の自動灌水器を使うという方法もあります。

おすすめの野菜はリーフレタスです。病害虫も少なく収穫時期も長く、飾っていても美しいです。さあ、リーフレタスのスリットバスケットを作りましょう！

リーフレタスの作り方

準備するもの

1. 伊藤商事の「スリットバスケット」
品番はSLT-25
2. 花と野菜の土
（安価なものは避ける）
3. 鉢底石
4. リーフレタスの苗…10苗
5. 水ゴケ

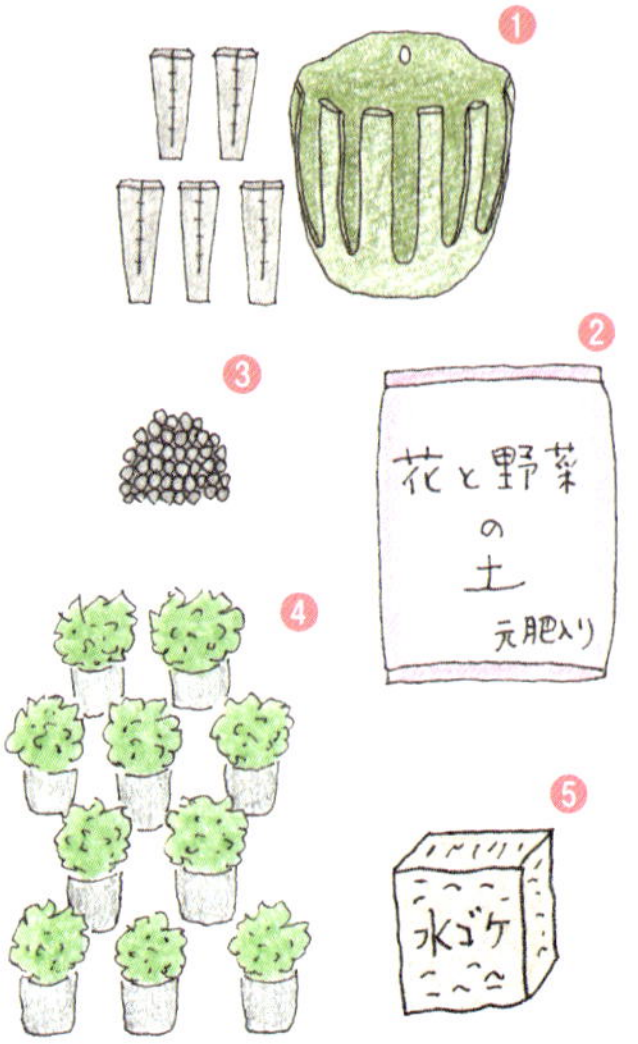

手順

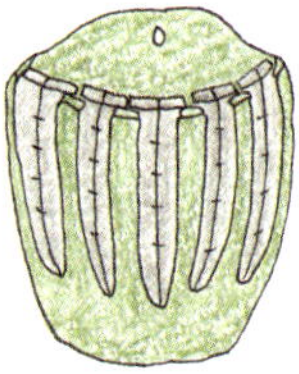

1 バスケットの下準備

スリットバスケットに付属しているスポンジのシールをはがし、スリット（切れ込み）部分の内側に貼り付けて、スポンジの上部を切り離す。スポンジを貼り付けた後、表面の粘着部分をそのままにしておくと植物が着くので、粘着部分に土をまぶす

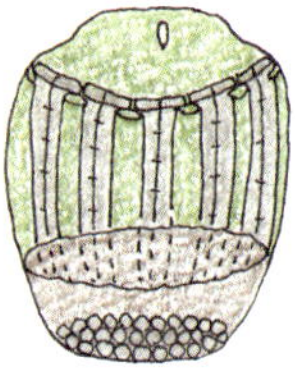

2 底を整える

鉢底に鉢底石（軽石）を3㎝入れ、さらに元肥入りの土を3㎝入れる

3 1段目の植付け

中央と両端のスリットに花苗を上から差し込み下までスライドさせ植え付け、すき間に土を入れる

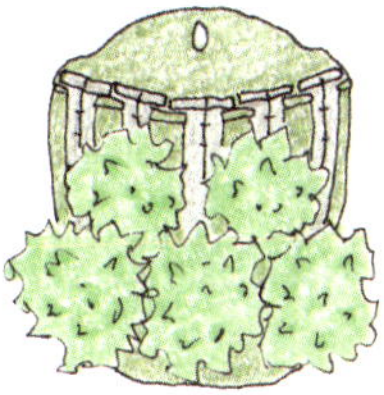

4 2段目の植付け

イラスト3で使っていないスリットに花苗を差し込み、すき間に土を入れる

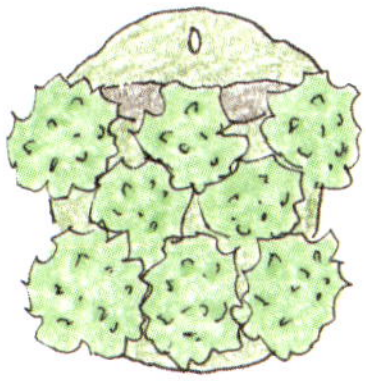

5 3段目の植付け

中央と両端のスリットに花苗を上から差し込みスライドさせて植え付け、すき間に土を入れる

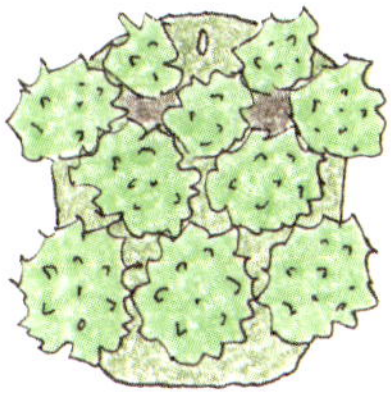

6 最上段の植付け

一番上に花苗を植え付け、すき間に土を入れ、水でもどした水ゴケを敷き詰め、十分な水を与える

植え付け直後

植え付け3週間後

リーフレタスは
外側から収穫する

自動灌水器という助っ人を使う!

半自動
タイプ

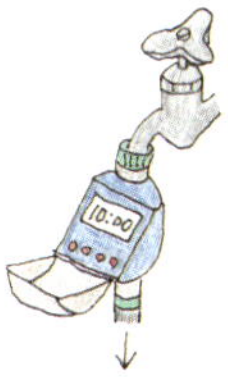

自動
タイプ

乾電池式の自動灌水コントローラーを使えば、日常の水やりはもちろん、旅行など外出中も安心。灌水ホースとセットになった商品がおすすめ。大型店やネット通販で購入可能。ダイヤルをまわした時間だけ水やりする半自動タイプもあります。

管理

- 日が当たり、風通しの良い場所に掛けます。
- 毎日水やりします。自動灌水器を活用する方法もあります。ネット通販等で購入可能です。
- 1週間に1回液肥を与えてください。
- 混み合ってきたら、必ず外葉から収穫して、風通しを良くしてください。

Lesson 25 家庭菜園を美しい菜園にする方法

私は**美しい空間にこそ美しいものが生まれる**と思っています。ただ、野菜が収穫できる空間というだけでは、残念ながら心に届く栄養が足りないように思います。やはり同じ耕すなら、菜園は美しい方が良いと私は思うのです。では、どのようにすれば菜園が美しくなるのでしょうか？

Point 美しい菜園づくりのポイント

Point 1
園芸資材はなるべく自然素材のものを使う

まず第一点は、園芸資材はできるだけ天然素材のものを使うということです。例えば、支柱ならビニール被覆した商品でなく竹、また白いビニールヒモではなく麻ヒモなどです。それらの天然資材を使うと、菜園の風景がやわらかくなります。天然資材はビニールなどと違い脇役に徹してくれるので、野菜などの植物が引き立ってきます。

「植え始めはともかく、成長してきたら資材なんて目立たなくなるんじゃないの？」という声が聞こえてきそうですが、そんなことはありません。みなさんがあこがれる欧米の美しい庭でも、やはり使われているのは天然資材です。

Point 2
菜園の中に直線的な要素を入れ込む

もうひとつは、菜園の中に直線的な要素を入れ込むことです。もちろん、このときも人工資材は使いませんよ。例えば、菜園の背後に木製のラティスを置いたり、菜園を低い垣根で囲ったりするのです。野菜など自然界に存在するものは、曲線ばかりで直線はありません。ですから菜園に直線的な要素を入れ込むと、風景にメリハリが生まれます。

木や麻ヒモなど天然素材を使うと、菜園が美しく見える

Lesson 26 都市のヒートアイランドを緩和するグリーンカーテンのすすめ

ここ数年、都市部での夏の暑さ対策は深刻な問題になっています。**暑さ対策を楽しみつつ実践してしまうアイデア**を紹介します。

使う野菜はミニゴーヤ（みににがうり）とミニキュウリ（ラリーノ）です。暑さに強く、病害虫にも強いのでおすすめです。**ゴールデンウィークに菜園用プランターで苗を植え付ければ、梅雨明けにはもう緑のカーテンが完成**してしまいます。毎日のように収穫も楽しめます。これらの品種が手に入らなければ、お好きなゴーヤとキュウリのミックス植えでも大丈夫です。

キュウリは全般にうどん粉病になりやすいですが、ラリーノは比較的うどん粉病になりにくい品種。ただ、うどん粉病で白っぽくなった葉は順次取り除くようにしてください。さすがに株全体にうどん粉病が広がったら、キュウリは見切ってゴーヤのみにします。ゴーヤは9月の残暑のころまでカーテンを維持できますが、実がついていると株が弱ってくるので、食べる分以外は小さな実のうちにどんどん取り除くことがポイントです。

Point グリーンカーテン植栽のポイント

Point 1 プランターの設置方法と植栽本数

長さ50㎝から60㎝程度の菜園用プランターなら、プランターひとつにゴーヤ（みにがうりなど）1苗、キュウリ（ラリーノ）1苗を植え付けます。プランターは少し斜めに設置すると1基でも多くのプランターが設置でき、グリーンカーテンが密になります。

写真は私が作ったゴーヤ&キュウリのカーテン。
[5月7日]ミニゴーヤ、ラリーノ植え付け完了

プランターの設置方法と植栽本数

［7月25日］夏の暑さを緩和しながら収穫を楽しむ

［7月10日］梅雨明けにはグリーンカーテンが完成！

［6月19日］梅雨の期間どんどん成長

Point 2

摘芯作業

ツルが1mほどのびたらツルの先端を切ります。この作業を摘芯といいます。摘芯すると分枝が促進され、グリーンカーテンが密になります。

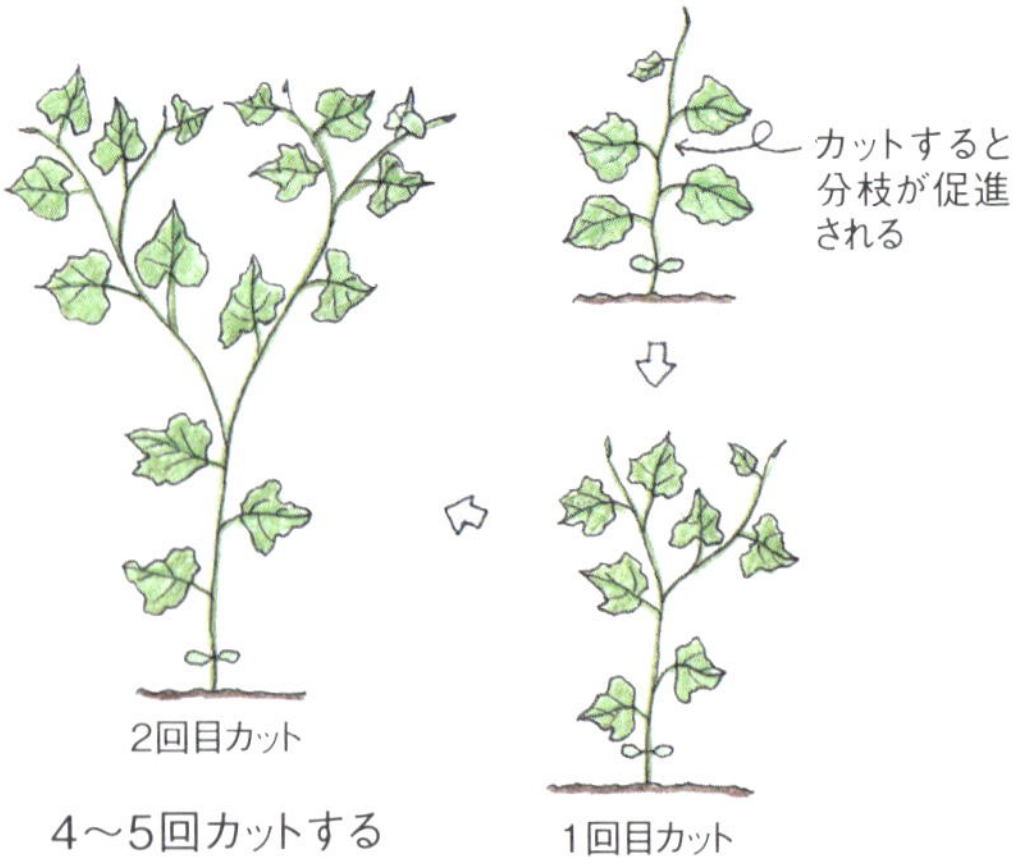
カットすると
分枝が促進
される
1回目カット
2回目カット
4～5回カットする

ミニゴーヤ
（ミニサイズのニガウリ）

ラリーノ（ミニキュウリ）の実と花

「ミニゴーヤ」「ラリーノ」の
問い合わせ先

株式会社 神田育種農場
TEL0744-22-2603
http://www.kandaseed.co.jp/

Point 3
ネット

麻のネットなら最後に片付けをするときに枯れたツル植物と一緒に捨てることができます。テンションを掛けたい時は化繊のネットを使ってください。強風時にはネットの上部がはずれるようにしておけば安心です。写真のようにマグネットフックを使う方法もあります。

上と横にのばすツルに分け、面全体を覆うように誘引する

⇩

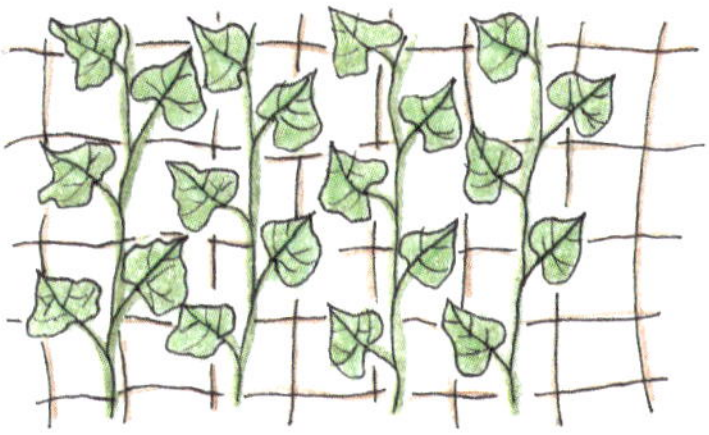

分枝が始まるとカーテンが密になる

カーテンボックスにマグネットフックを取り付け、ネットを掛ける方法

Point 4
誘引作業と追肥

植物が美しくネットを覆うように、時々ツル植物をネットに誘引します。2～3週間に1回お好みの肥料を追肥しましょう。

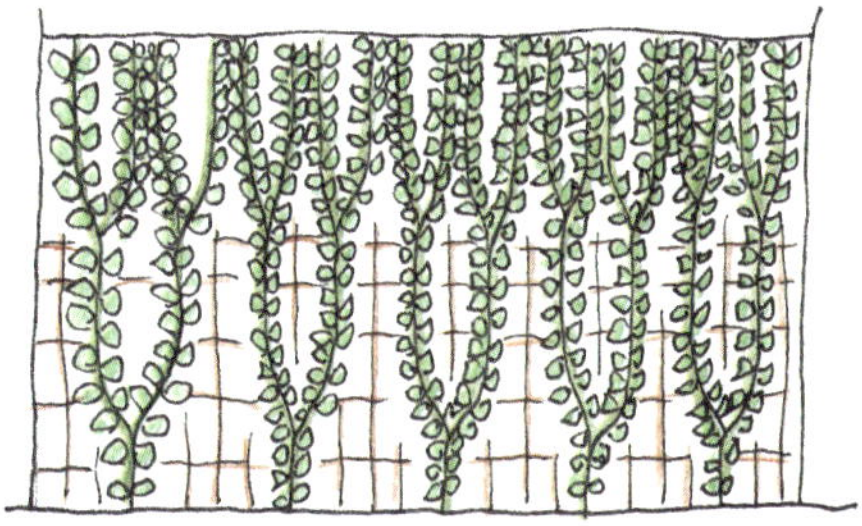

⇩ 摘芯しないと

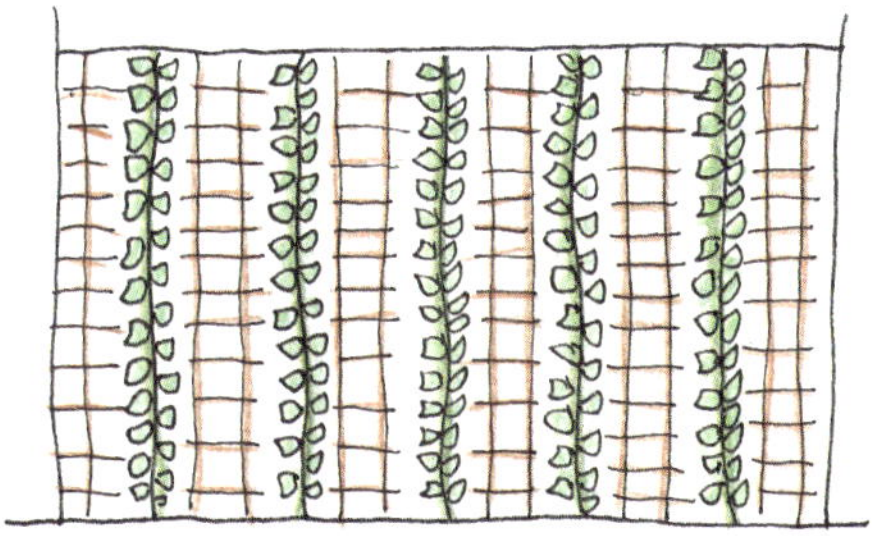

Lesson 27 自給自足的野菜の保存方法

自給自足するためには、**収穫したものを腐らせずに長期保存**しなければならない野菜があります。また、**収穫せず、生きたまま保存する方法**もあります。都市部では農家のように納屋や倉庫はありません。ニュータウンのど真ん中にあるわが家の保存方法をご紹介します。

ここでは、「収穫せずに育てながら保存する野菜」と「収穫してから長期に保存する野菜」に分けてご説明します。

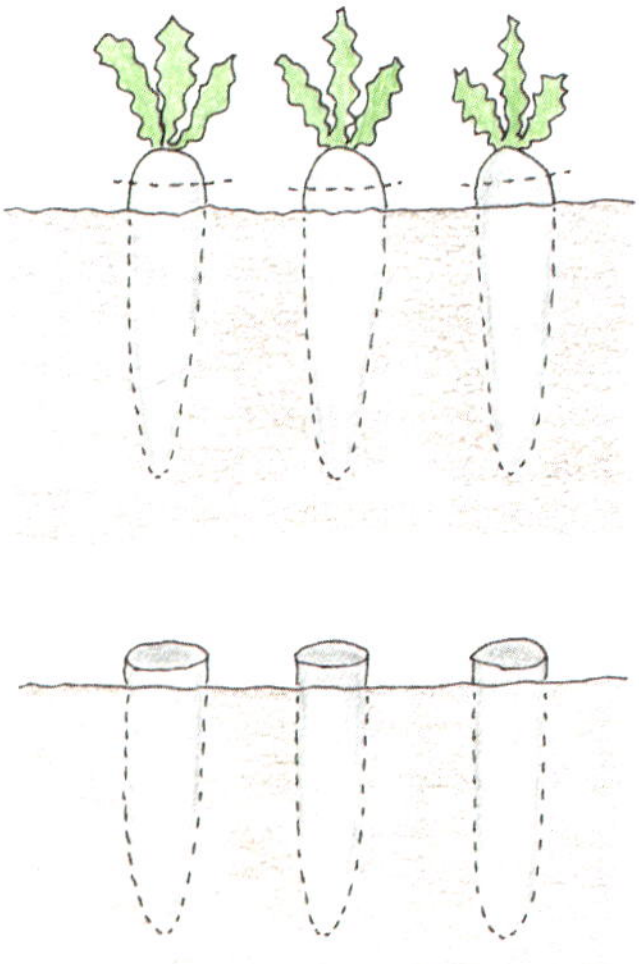

収穫せずに育てながら保存する野菜

【ダイコン】

ダイコンは食べる分だけ収穫します。春はとう立ち（花芽がつく）とスが入るので、大根を収穫せず、大根の葉の付け根から約5㎝下を包丁でカットします。このようにすると、とう立ちを少し遅らせることができます（約2週間）。出荷する農家さんでは商品にならないので、このようなことはしません。自給農ならではですね。

【ニンジン】

ニンジンも食べる分だけ収穫します。冬の間も成長しますが、地上部は緑化してくるので、土寄せします。あたたかくなってくる前に土付きのまま掘り取って、乾かさず、1本ずつ新聞紙にくるんで紙袋に入れ、野菜室に立てて置いておくと、ある程度は長持ちします。

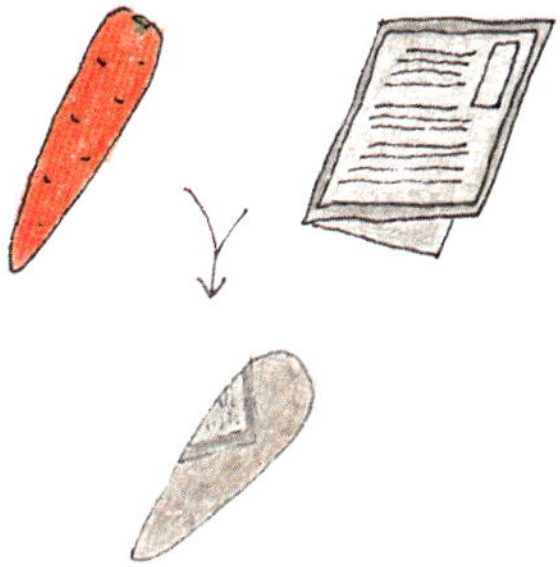

【葉物野菜】

コマツナやホウレンソウは食べる分だけ収穫します。冬の間、霜が降りると葉が傷むので寒冷紗を掛けます。

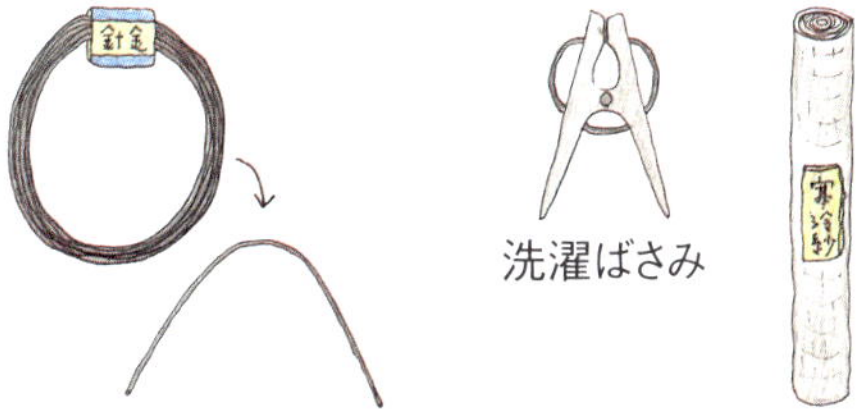
洗濯ばさみ

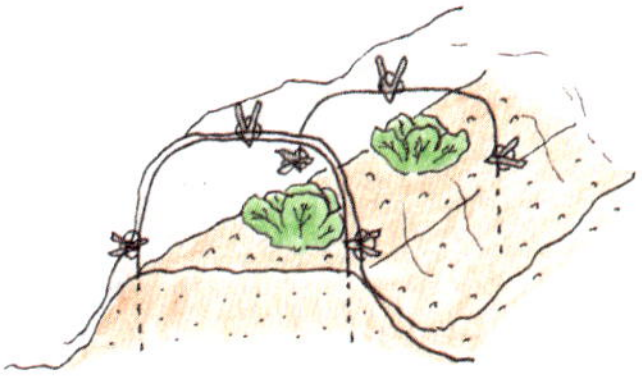
一番端の横から見た図

レンガ

大根やニンジンなどは、干し野菜で保存する方法もあります。薄く切って干し野菜にします。わが家には薪ストーブがあるので、その前に並べます。干し野菜は、ある程度早く干し上がらないとカビが生えてしまいますが、これがあると大丈夫。ストーブのおかげで、シイタケは薄切りにしなくても干し椎茸ができます。ただ、薪ストーブがあるご家庭はごく少数でしょうから、できるだけ野菜を小さく切って晴れた日に広げて干すだけでも良いでしょう。

切り干し大根の作り方

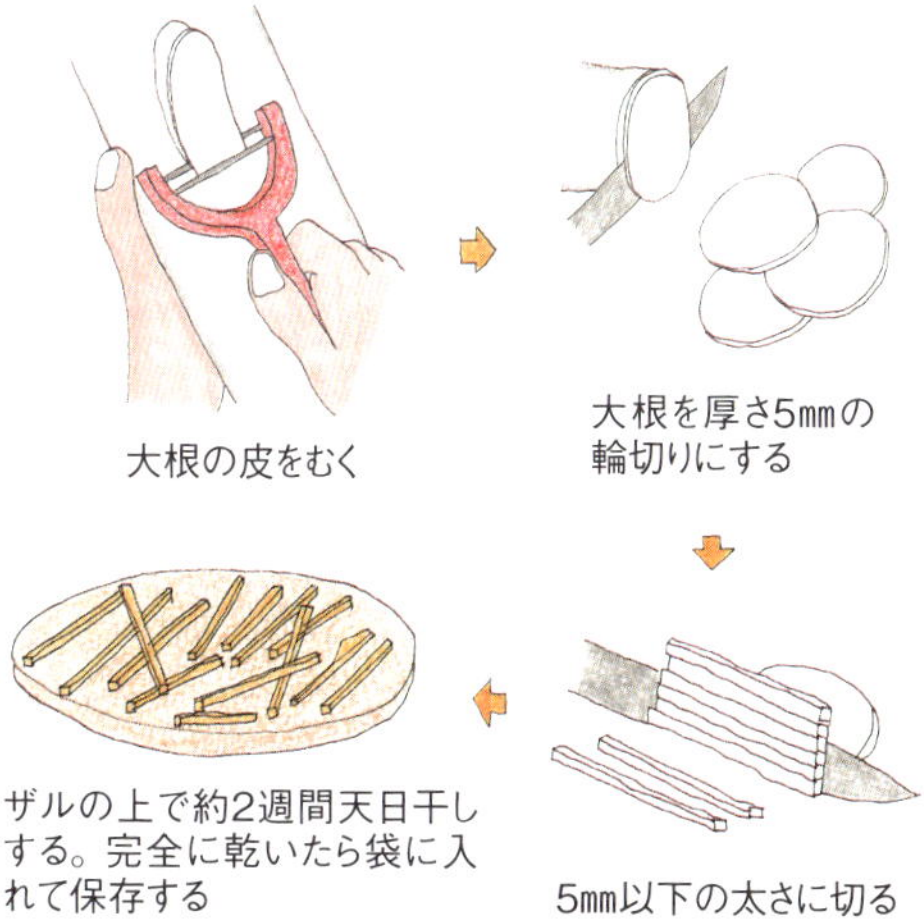
大根の皮をむく
大根を厚さ5㎜の輪切りにする
5㎜以下の太さに切る
ザルの上で約2週間天日干しする。完全に乾いたら袋に入れて保存する

収穫してから長期に保存する野菜

【ジャガイモ】

1 重ねて置くため同じ大きさの段ボールを準備します

2 ジャガイモは、必ず晴れた日に収穫して、洗わず半日太陽に当てて完全に乾かします。この晴れた日にというのが大変肝心なのです。実は以前、時間がなくてジャガイモを掘る時間がどうしても確保できず、前日に雨が降って土が完全に乾いていないことは分かっていたのですが、当日は晴れていたので何とかなるかと収穫しました。念のため、薪ストーブをつけて新聞の上に並べて2日乾かしました。これで完璧と段ボールに入れて保存を開始しました。ところが、10日程たった頃からどんどんジャガイモが腐ってきたのです。結局半分ダメになってしまいました

3 段ボールの底面全体に、新聞紙1冊分を折りたたんだ状態で置きます。一部のジャガイモが腐ったときの汁の吸い取り紙になります

4 ❸の上に乾いたジャガイモを並べていきます。ジャガイモをそのまま上方向には重ねません

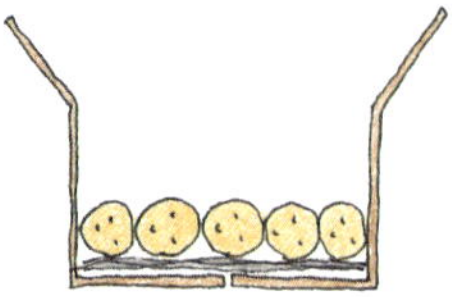

5 ジャガイモを1層並べ終わったら、その上に新聞紙を1冊分置きます

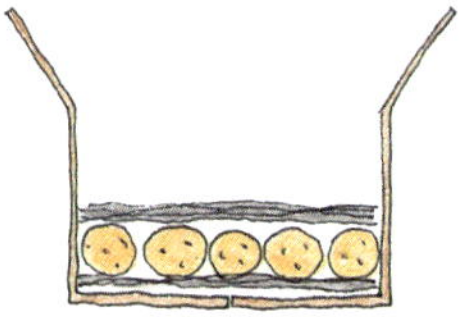

6 その上にジャガイモを1層並べます。新聞紙がクッション材になってジャガイモの表面が傷みません。収穫直後のジャガイモは外皮がやわらかいので気をつけます

7 ❻を繰り返し、最上部の層になったらその上にも新聞紙を1冊分置いて光を入れないようにします。最後にフタをしめます

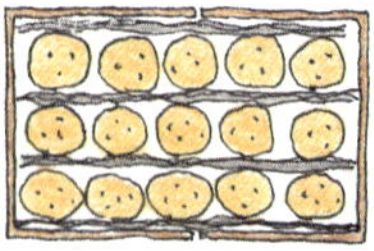

8 ジャガイモは室内であればどこでも良いですが、床下収納は、湿気が多く腐りやすくなるので避けるようにします

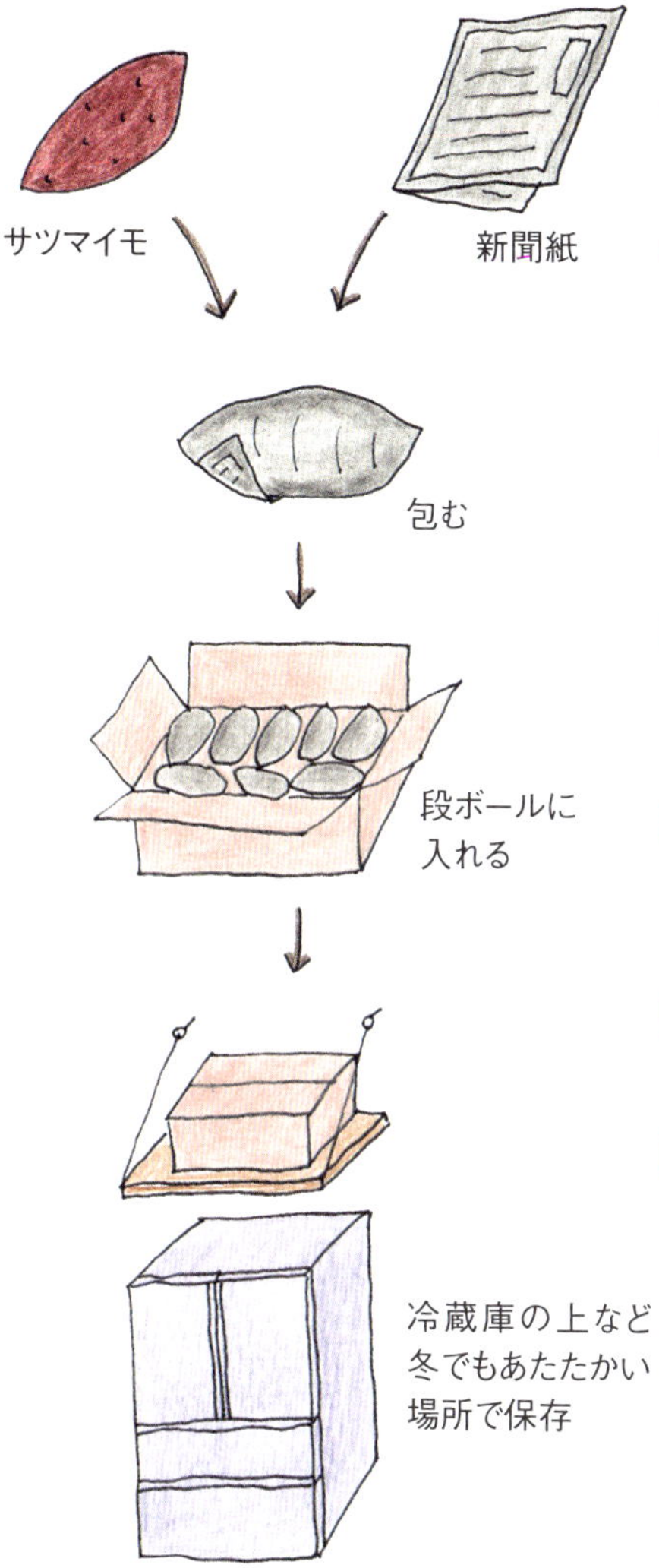
サツマイモ
新聞紙
包む
段ボールに
入れる
冷蔵庫の上など
冬でもあたたかい
場所で保存

【サツマイモ】

1. 重ねて置くため同じ大きさの段ボールを準備します
2. サツマイモも、必ず霜が降りる前の晴れた日に収穫して、洗わず半日日に当てて完全に乾かします
3. 段ボールの底面全体に、新聞紙1冊分を折りたたんだ状態で置きます
4. サツマイモは寒さに弱く、乾燥しやすいので、ひとつひとつ新聞紙で包みます
5. ❸の上に包んだサツマイモを入れていきます。どんどん積んでもOKです
6. いっぱいになったら段ボールのフタをしめます
7. サツマイモはあたたかい所に置いておかないと腐りやすいです。例えば、キッチンの上棚がおすすめです。キッチンの天井近くは料理や冷蔵庫の排熱であたたまりやすいのです

【カボチャ】

カボチャは無造作に置いていても絵になるので、わが家では玄関に飾ることもあります。貯蔵性の高い品種を選べば、年が明けても腐りません。どちらかというとサツマイモと同じであたたかい所で保存した方が良いですが、新聞で包んだり、段ボールに入れたりする必要はありません。

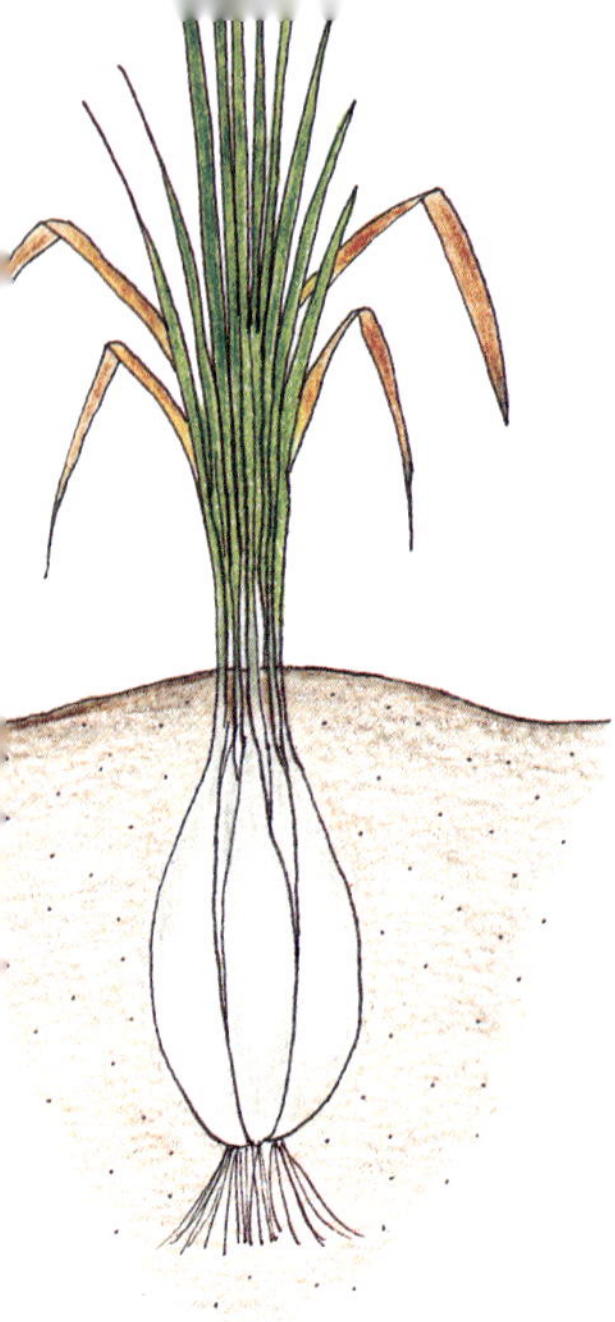

世界一わかりやすくてシンプルな方法

はたさんおすすめの

野菜30種類の育て方

野菜づくりの初心者にとっては、何だか難しく思える品種でも、コツさえ覚えてしまえば、だれにでも上手に作ることができます。僕が長い間やってきたなかで覚えた、とってもシンプルな栽培方法をご紹介します。

イラスト／はたあきひろ

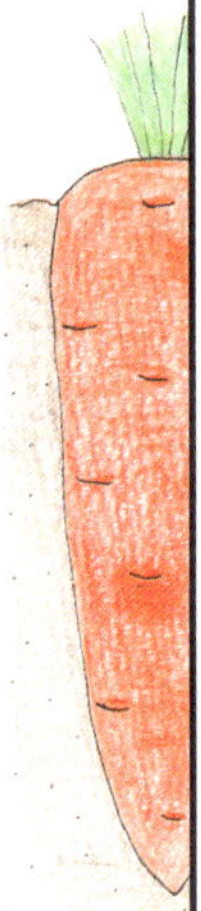

01

葉菜類

キャベツ

Cabbage

アブラナ科

1 春植え苗は、3月中旬～下旬、秋植え苗は9月中旬～下旬に苗を購入する。成長の早い早《わ》生《せ》種や極《ごく》早《わ》生《せ》種がおすすめ

2 菜園にバーク堆肥をすき込む（1㎡に20ℓくらい）

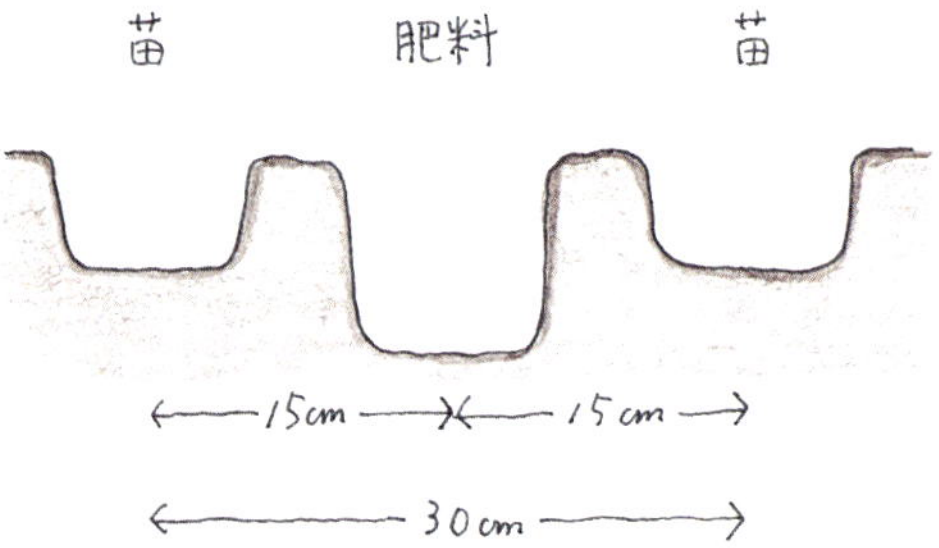

3 苗を植える穴株＝株間30cm間隔で直径10cm深さ5～6cmの穴をあける。肥料を入れる穴＝株間の真ん中に直径10cm深さ10cmの穴をあける

4 苗を植える穴に水を入れる。水が引いたところで苗を植える。肥料を入れる穴に粉状の醗酵油かすとバーク堆肥を1：1に混ぜた肥料をふた握り入れる

5 地表面にバーク堆肥を厚さ3㎝敷き詰める。その後、たっぷりと水やりをし、防虫ネットをかける

6 苗を植え付けてから2〜3週間たったら、1株ひと握りの粉状醗酵油かすを株のまわりにバラまき、その上からバーク堆肥を厚さ3㎝敷き詰める。以上のことを3週間に1回繰り返す。地表面が乾いたら水やりをする。結球部分を手で押さえて、硬くしまってきたら収穫適期

02 ブロッコリー

Broccoli

葉菜類

アブラナ科

1 春植え苗は3月中旬～下旬、秋植え苗は9月中旬～下旬に苗を購入する。成長の早い早《わ》生《せ》種や頂《ちょう》花《か》蕾《らい》収穫後、側《そく》花《か》蕾《らい》が多くできる品種がおすすめ

2 菜園にバーク堆肥をすき込む（1㎡に20ℓくらい）

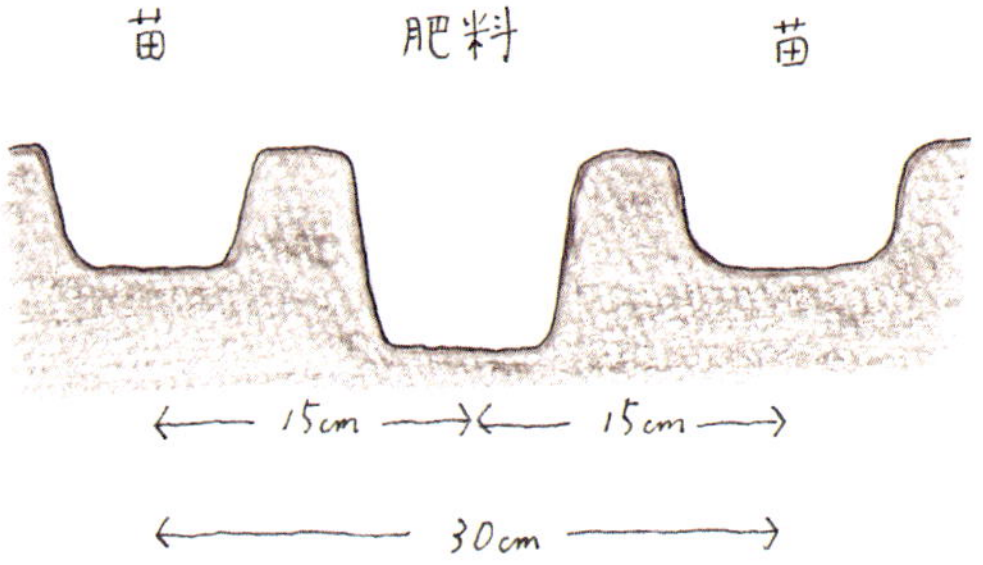

3 苗を植える穴＝株間30cm間隔で直径10cm深さ5cm～6cmの穴をあける。肥料を入れる穴＝株間の真ん中に直径10cm深さ10cmの穴をあける

4 苗を植える穴に水を入れる。水が引いたところで苗を植える。肥料を入れる穴に粉状の醗酵油かすとバーク堆肥を1:1に混ぜた肥料をふた握り入れる

5 地表面にバーク堆肥を厚さ3㎝敷き詰める。その後、たっぷりと水やりをする。防虫ネットをかける

6 苗を植え付けてから2～3週間たったら、1株にひと握りの粉状醗酵油かすを株のまわりにバラまき、その上からバーク堆肥を厚さ3㎝敷き詰める。以上のことを3週間に1回繰り返す。地表面が乾いたら水やりをする。頂花蕾を収穫した後も、肥料やりを続け春まで側花蕾を収穫し続ける

03

Chinese cabbage

葉菜類

ハクサイ

アブラナ科

1 春植え苗は3月中旬～下旬、秋植え苗は9月中旬～下旬に苗を購入する。成長の早い早《わ》生《せ》種や極《ごく》早《わ》生《せ》種がおすすめ

2 菜園にバーク堆肥をすき込む（1㎡に20ℓくらい）

3 苗を植える穴株＝株間30cm間隔で直径10cm深さ5～6cmの穴をあける。肥料を入れる穴＝株間の真ん中に直径10cm深さ10cmの穴をあける

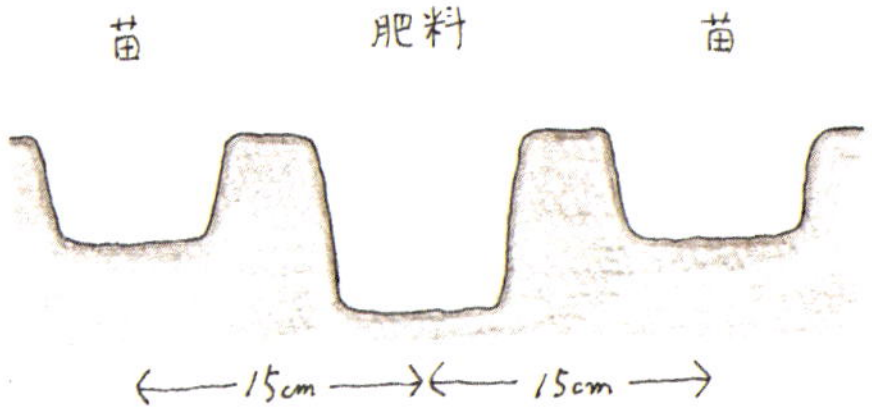

4 苗を植える穴に水を入れる。水が引いたところで苗を植える。肥料を入れる穴に粉状の醗酵油かすとバーク堆肥を1：1に混ぜた肥料をふた握り入れる

5 地表面にバーク堆肥を厚さ3cm敷き詰める。その後、たっぷりと水やりをする。防虫ネットをかける

6 苗を植え付けてから2〜3週間たったら、1株にひと握りの粉状醗酵油かすを株のまわりにバラまき、その上からバーク堆肥を厚さ3cm敷き詰める。以上のことを3週間に1回繰り返す。地表面が乾いたら水やりをする。結球部分を押えて硬くしまってきたら収穫適期

7 外葉でハクサイを縛っておくと、寒さ除けになる

04

葉菜類

チンゲンサイ

Qing geng cai

アブラナ科

1 春の種まきは4月中旬～5月下旬、秋の種まきは9月中旬～下旬に行う

2 菜園にバーク堆肥をすき込み、よく耕す（1㎡に20ℓくらい）

3 畝に深さ1cmの溝を作る（溝の間隔は15cmにする）。イラストのような木っ端を使う方法もある

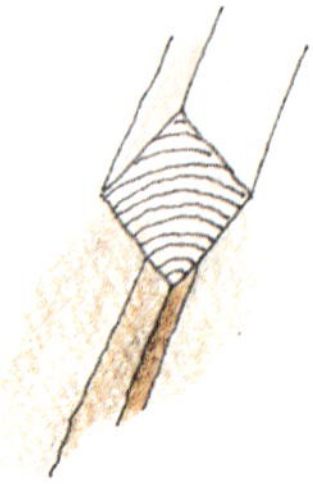

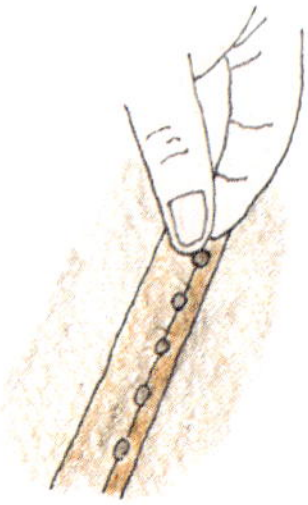

4 種を溝の底に1cmピッチで並べる

5 軽く土を被せて、土と種が流れないようにやさしく水やりをする。発芽まで土を乾かさないようにする

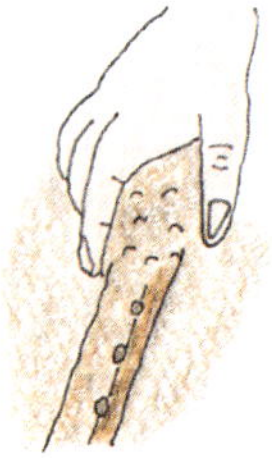

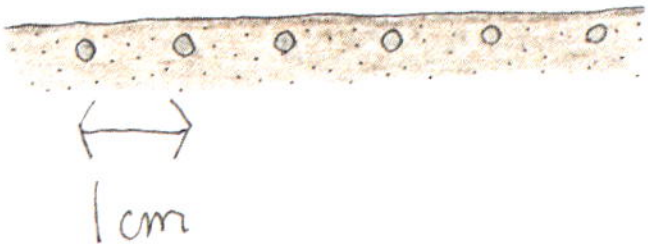

6 種まき直後から防虫ネットをかける

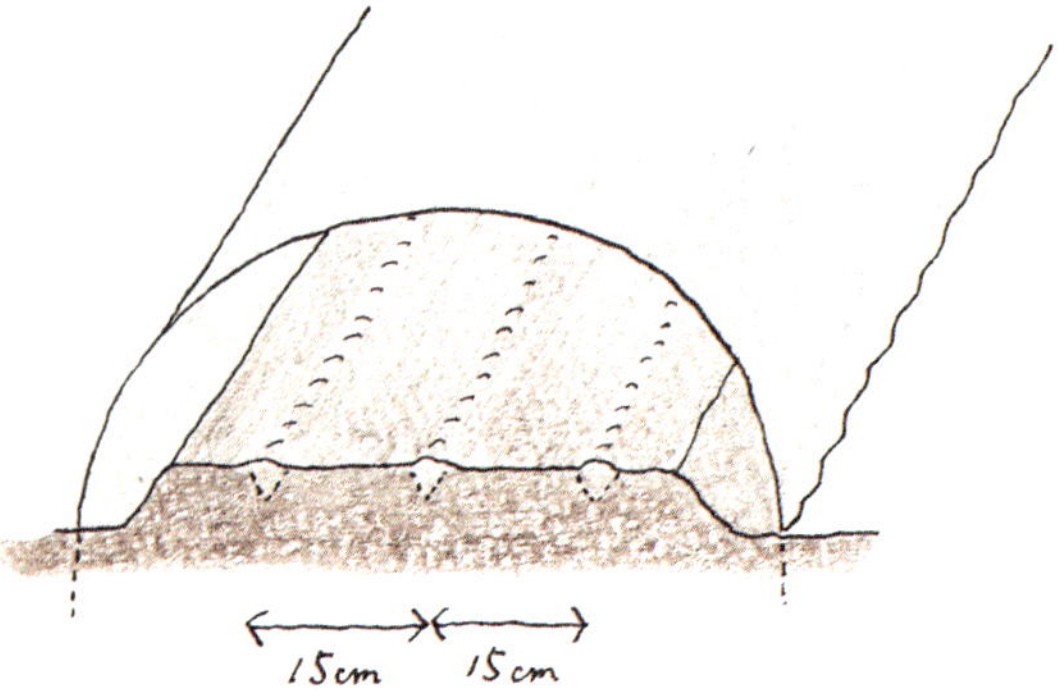

7 本葉が出たら、2cm間隔に間引きする。その時に、追肥として粉末の醗酵油かすを1㎡100g(2〜3握り)株元にバラまく。地表面が固くなってくるので、移植ゴテ等で地表深さ1〜2cmを耕す

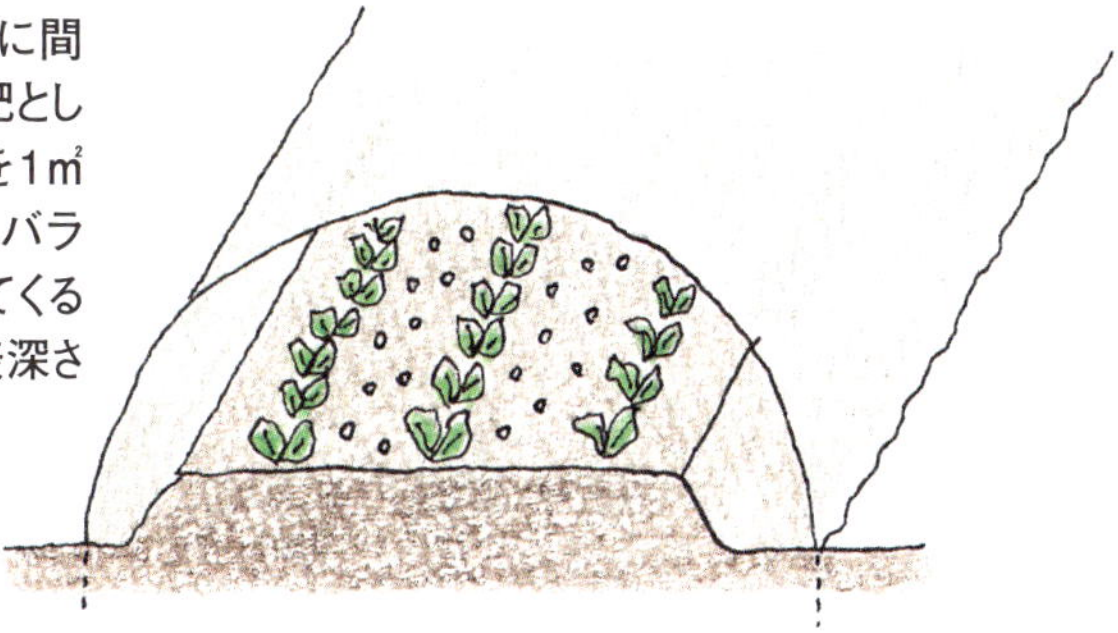

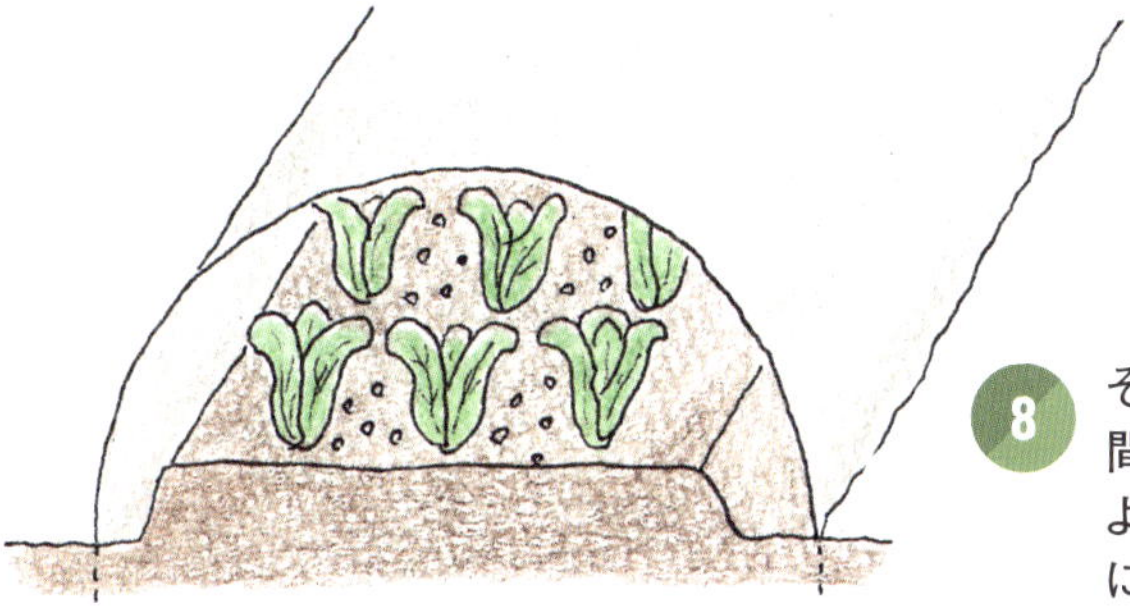

8 その後、葉が触れ合うごとに間引きをし、追肥を⑦と同じようにする。最終株間を10cmにする

9 急激に大きくなるので、間引き菜からドンドン収穫する

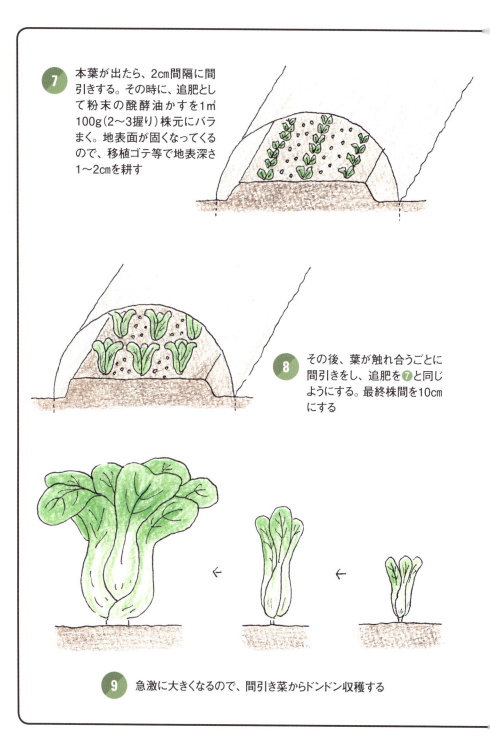

05

葉菜類

コマツナ

Japanese mustard spinach

アブラナ科

1. 春の種まきは3月中旬〜下旬、秋の種まきは9月中旬〜下旬に行う。それぞれ、種を購入する前に春まき用の品種か秋まき用の品種か確認する

2. 菜園にバーク堆肥をすき込み、よく耕す（1㎡に20ℓくらい）

3. 畝に深さ1㎝の溝を作る（溝の間隔は15㎝にする）。イラストのような木っ端を使う方法もある

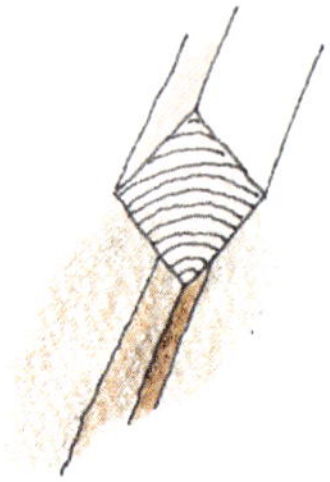

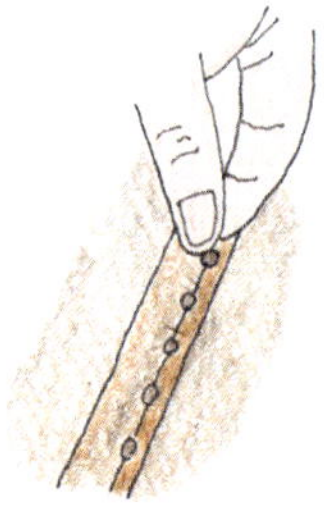

4. 種を溝の底に1㎝ピッチで並べる

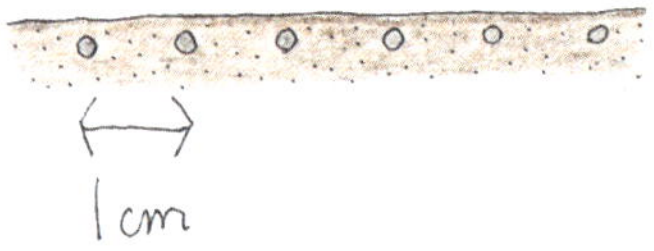

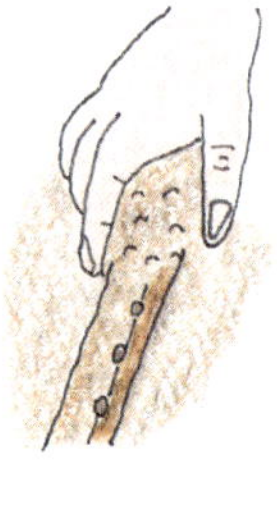

5. 軽く土を被せて、土と種が流れないようにやさしく水やりをする。発芽まで土を乾かさないようにする。

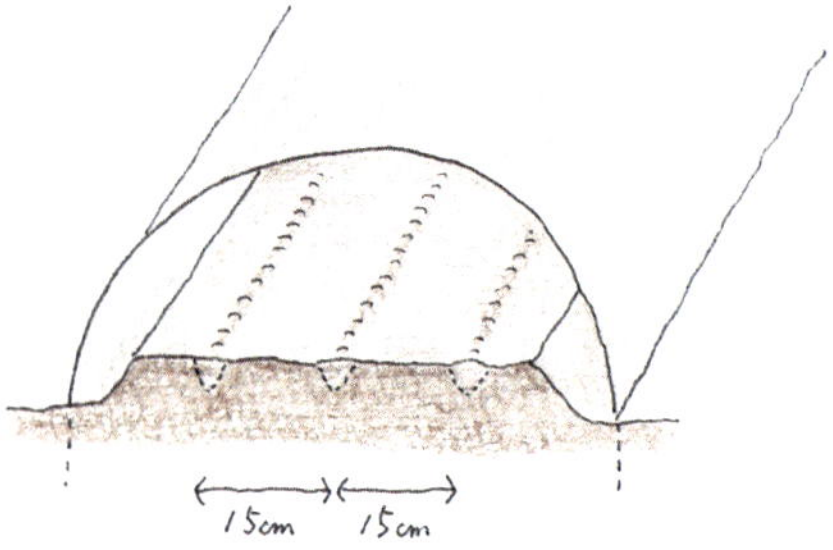

6. 種まき直後から防虫ネットをかける

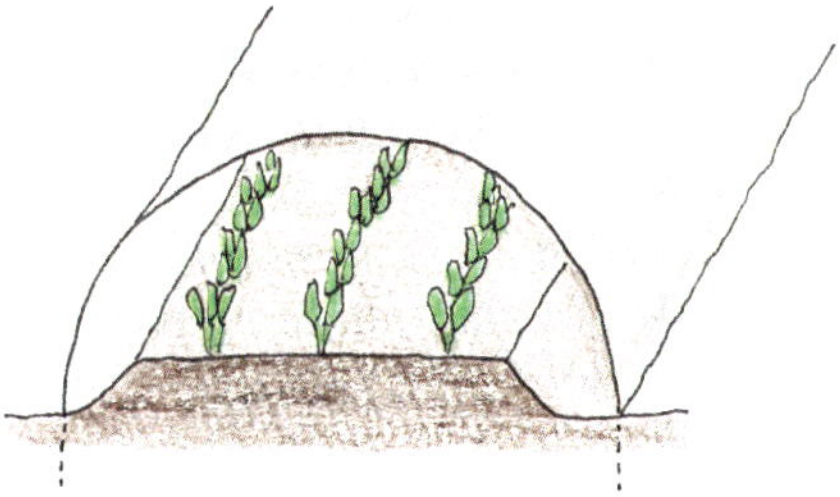

7 本葉が出たら、2cm間隔に間引きする。その時に、追肥として粉末の醗酵油かすを1㎡100g（2～3握り）を株元にバラまく。地表面が固くなってくるので、移植ゴテ等で地表深さ1～2cmを耕す

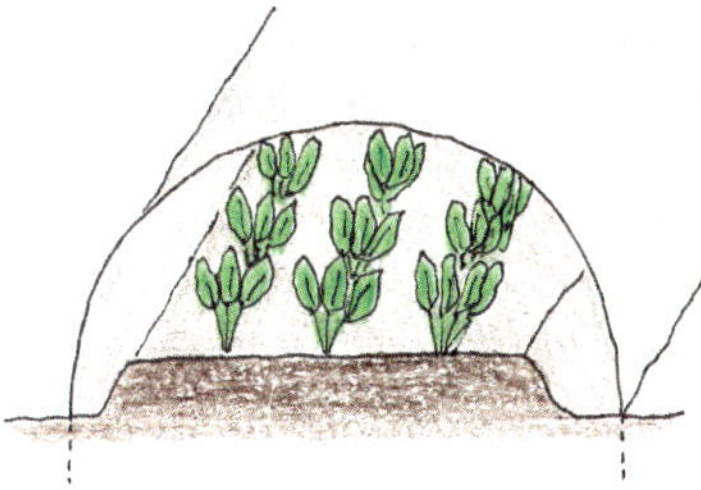

8 その後、葉が触れ合うごとに間引きをし、追肥を❼と同じようにする。最終株間を5～6cmにする

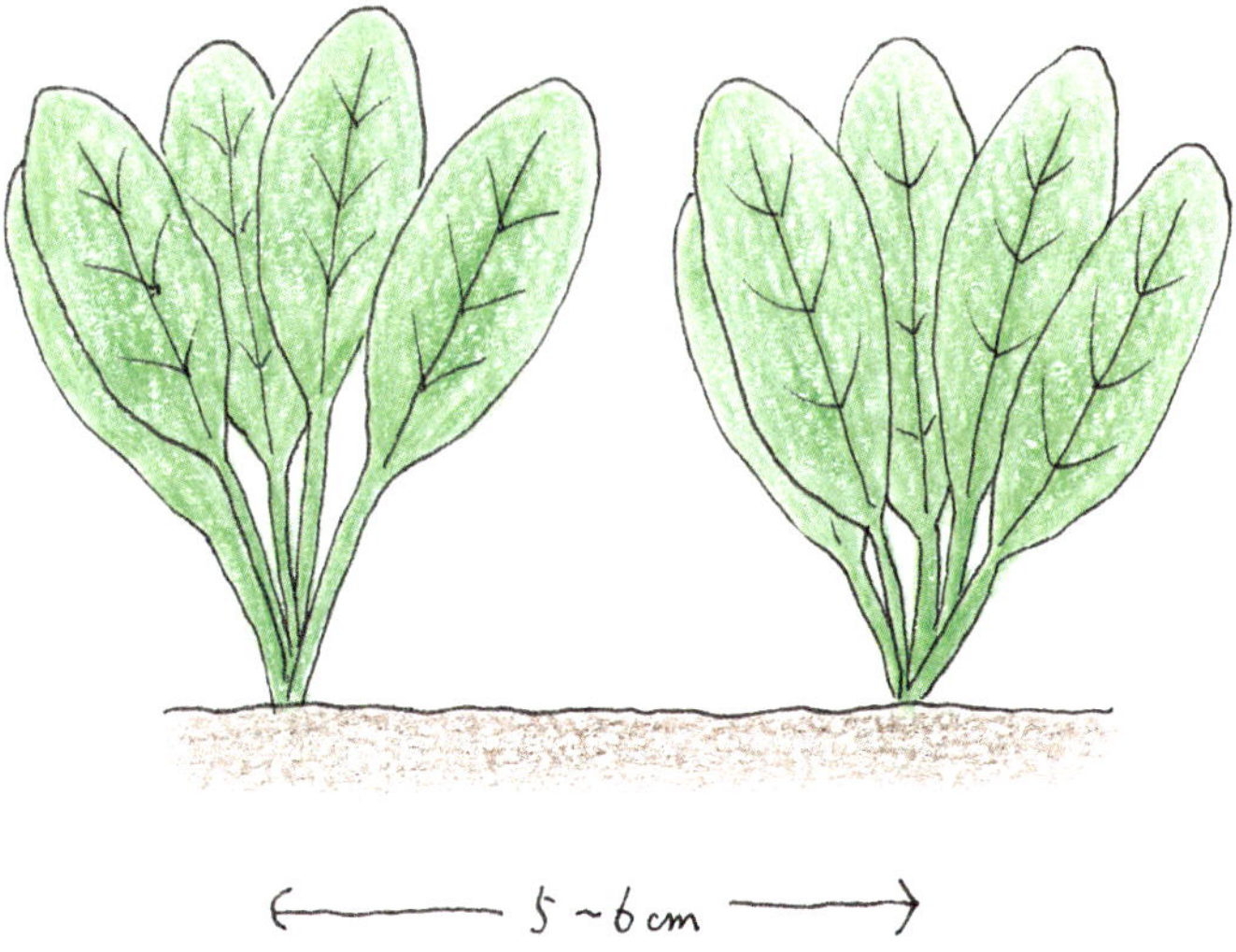

06

葉菜類

シュンギク

Garland chrysanthemum

キク科

1 春の種まきは3月中旬～下旬、秋の種まきは9月中旬～下旬に行う

2 菜園にバーク堆肥をすき込み、よく耕す（1㎡に20ℓくらい）

3 畝に深さ1㎝の溝を作る（溝の間隔は15㎝にする）。イラストのような木っ端を使う方法もある

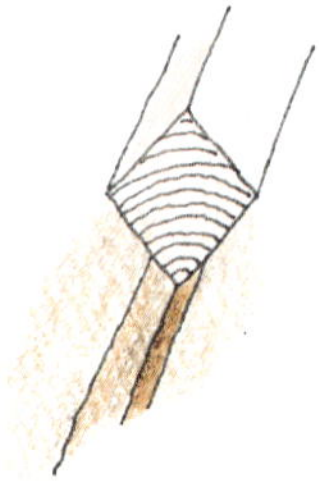

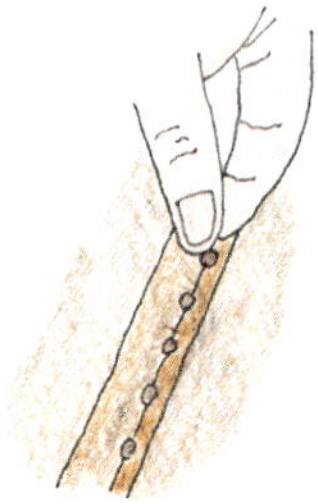

4 種を溝の底に1㎝ピッチで並べる

5 軽く土を被せて、土と種が流れないようにやさしく水やりをする

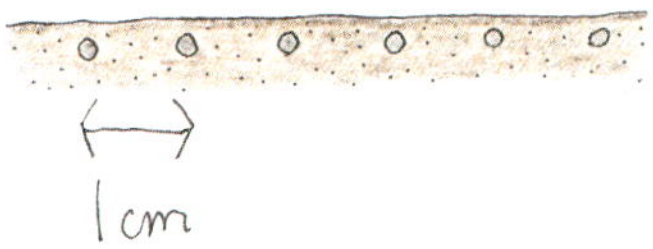

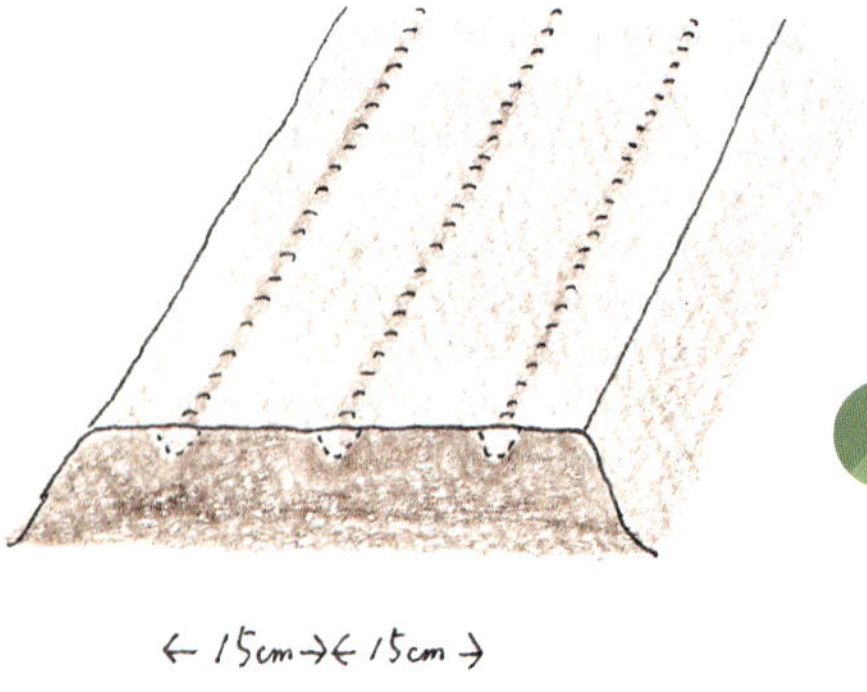

6 発芽まで土を乾かさないようにする

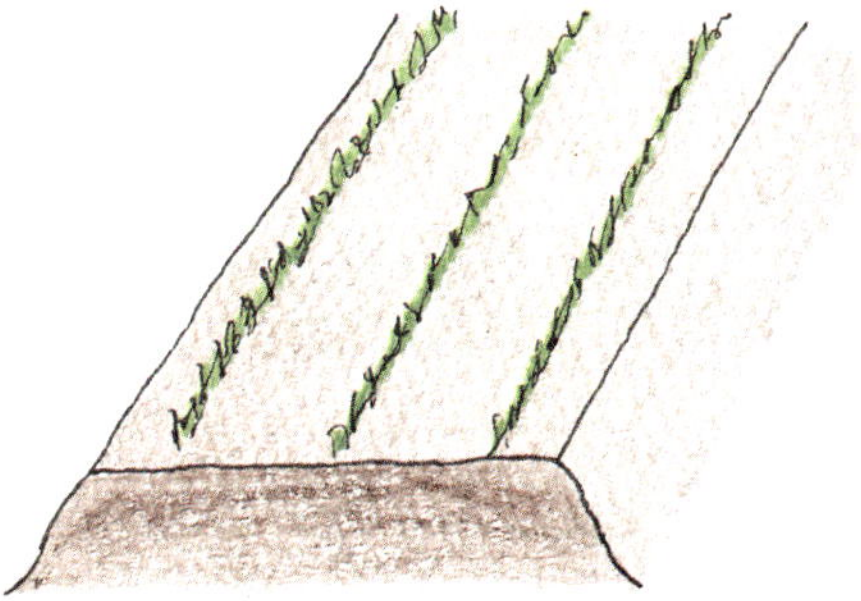

7 本葉が出たら、2㎝間隔に間引きする。その時に、追肥として粉末の醗酵油かすを1㎡100g(2〜3握り)を株元にバラまく。地表面が固くなってくるので、移植ゴテ等で地表深さ1〜2㎝を耕す

8 その後、葉が触れ合うごとに間引きをし、追肥を7と同じようにする。最終株間を10㎝にする

9 茎(草丈)が20㎝くらいになったら、下の葉を3〜4枚残して茎ごと収穫する。その後、茎が再び20㎝になったら、下の葉を3〜4枚残して茎ごと収穫する。以上のことを繰り返すと連続して収穫できる。7の追肥を3週間に1回繰り返す

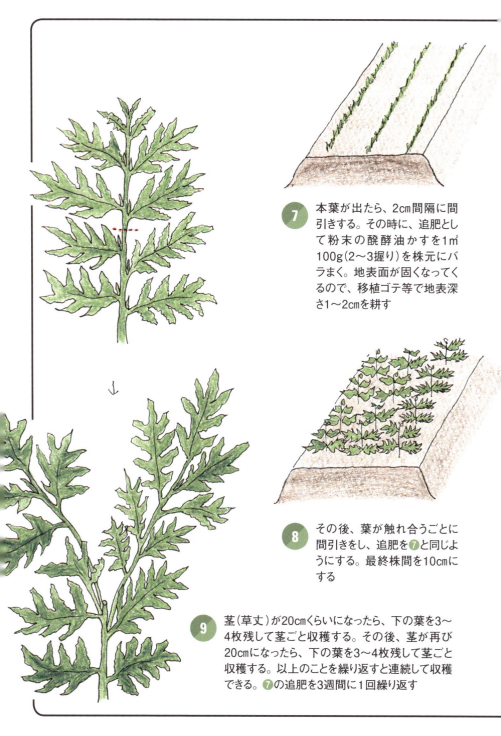

07

葉菜類

パセリ

Parsley

セリ科

1 春植え苗は3月中旬～5月下旬、秋植え苗は9月中旬～10月下旬に苗を購入する。耐暑性、耐寒性がかなり強いので、家庭菜園ではおすすめの野菜

2 菜園にバーク堆肥をすき込む（1㎡に20ℓくらい）

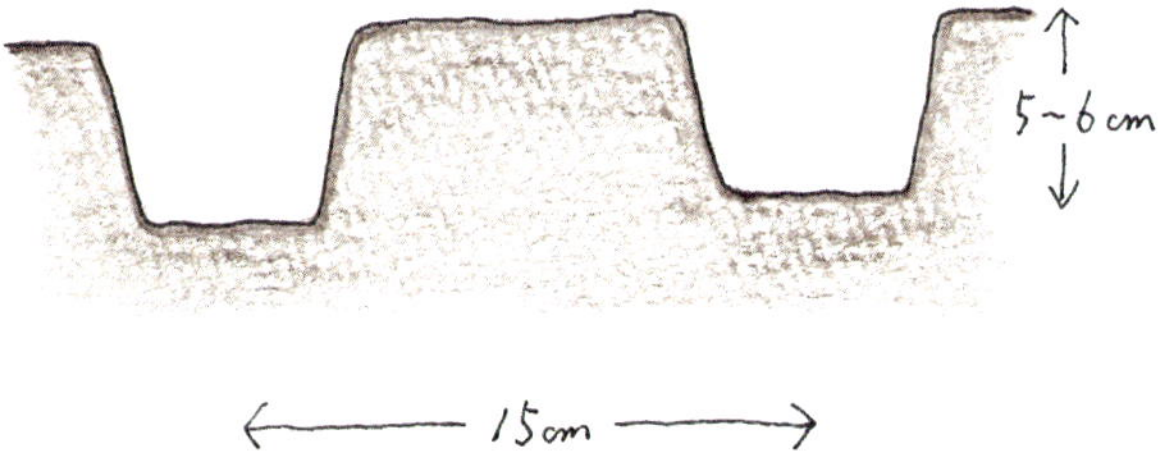

3 株間15㎝間隔で直径10㎝深さ5～6㎝の穴をあける

4 苗を植える穴に水を入れる。水が引いたところで苗を植え付け、地表面にバーク堆肥を厚さ3㎝敷き詰める。その後、たっぷりと水やりをする

5 苗を植え付けてから2〜3週間たったら、1株にひと握りの粉状醗酵油かすを株のまわりにバラまき、その上からバーク堆肥を厚さ3cm敷き詰める。同様のことを3週間に1回繰り返す。地表面が乾いたら水やりをする

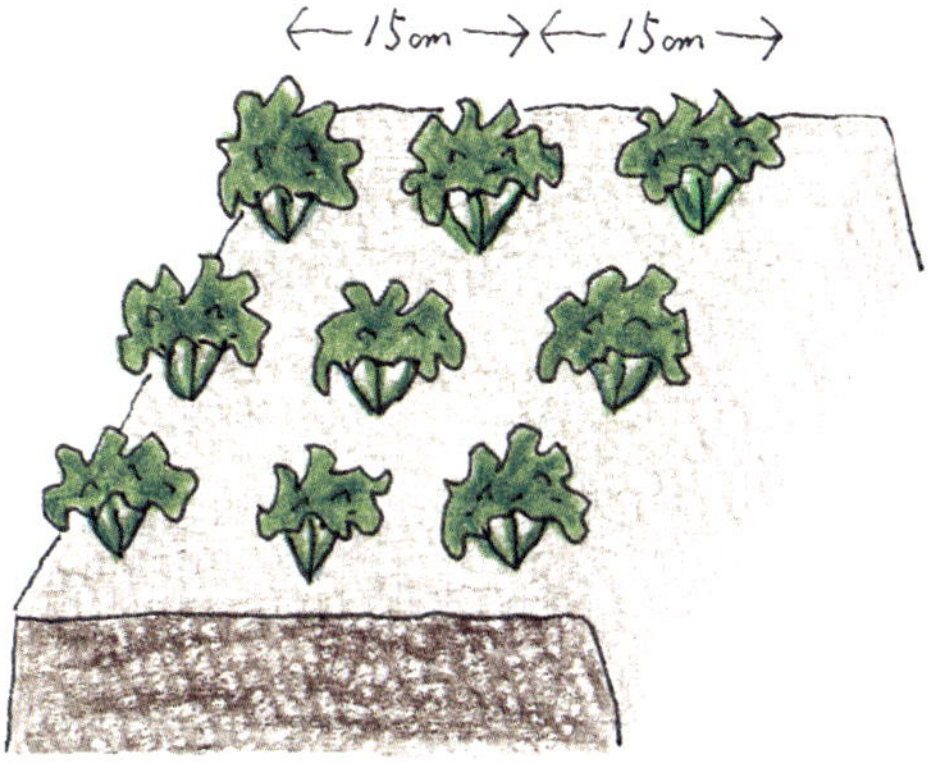

6 外葉からどんどん収穫する。長期間収穫ができる

Leaf lettuce

08

葉菜類

リーフレタス

キク科

1 春植え苗は、3月中旬～5月下旬、秋植え苗は9月中旬～10月下旬に苗を購入する。耐暑性、耐寒性がかなり強いので、家庭菜園ではおすすめの野菜

2 菜園にバーク堆肥をすき込む（1㎡に20ℓくらい）

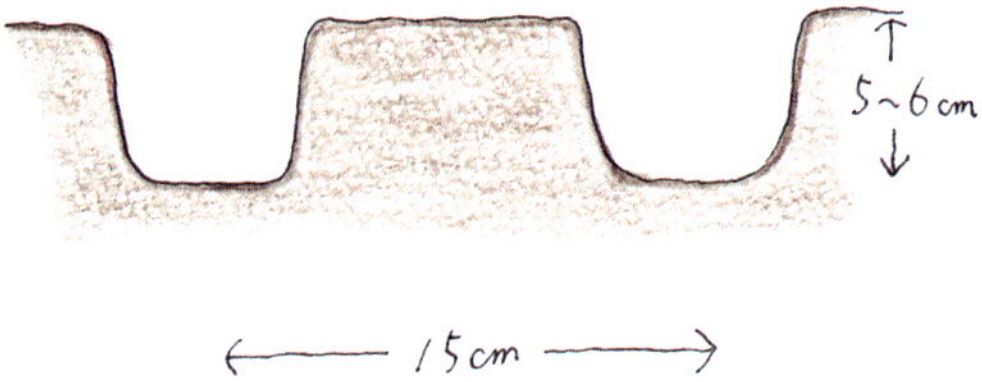

3 株間15cm間隔で直径10cm深さ5～6cmの穴をあける

4 苗を植える穴に水を入れる。水が引いたところで苗を植え付け、地表面にバーク堆肥を厚さ3cm敷き詰める。その後、たっぷりと水やりをする

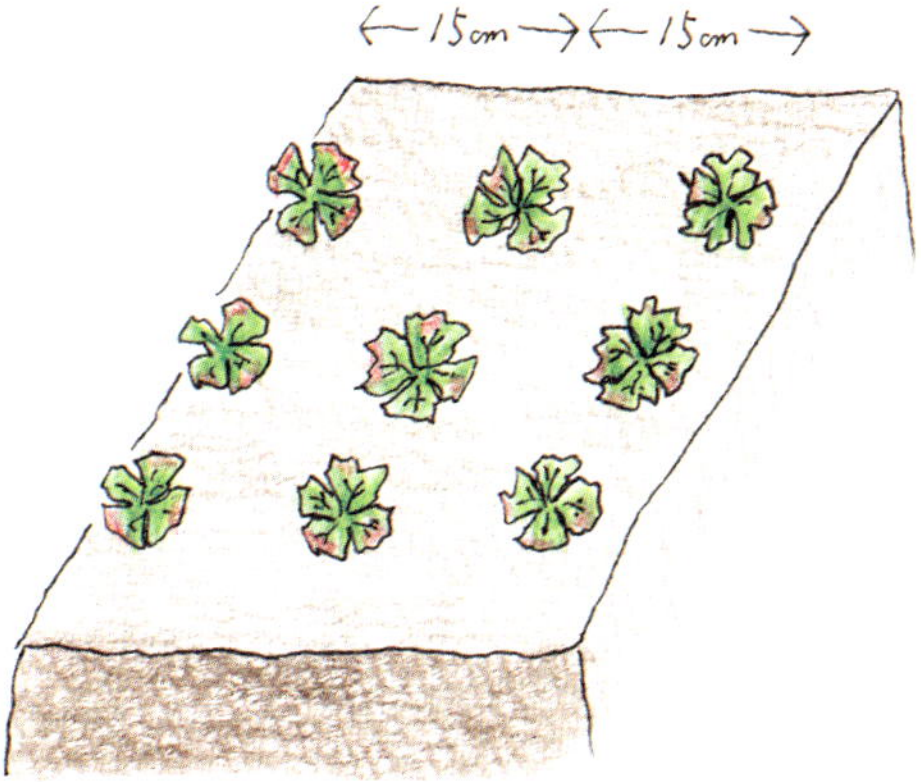

5 苗を植え付けてから2〜3週間たったら、1株にひと握りの粉状醗酵油かすを株のまわりにバラまき、その上からバーク堆肥を厚さ3cm敷き詰める。同様のことを3週間に1回繰り返す。地表面が乾いたら水やりをする

6 葉が触れ合うようになったら、外葉から収穫する。長期間収穫ができる

09

葉菜類

ニラ

Chinese chive

ユリ科

1 3月中旬～7月中旬に苗を購入する

2 菜園にバーク堆肥をすき込む（1㎡に40ℓくらい）

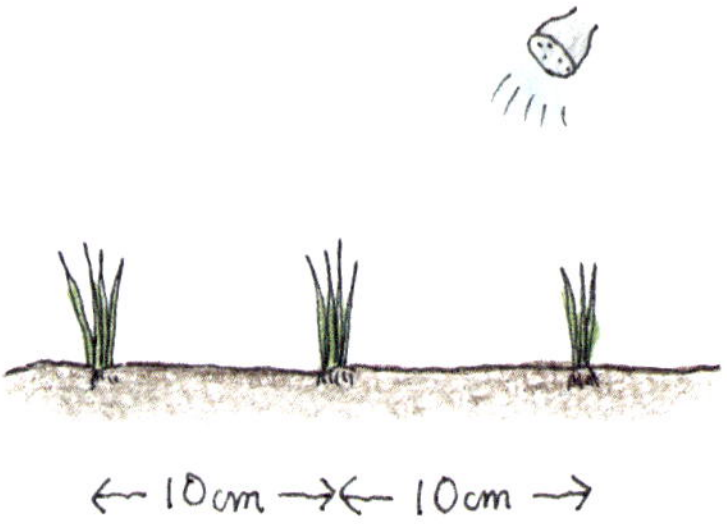

3 1カ所4～5本の苗をまとめて10㎝間隔で植え付ける。その後、たっぷりと水やりをする

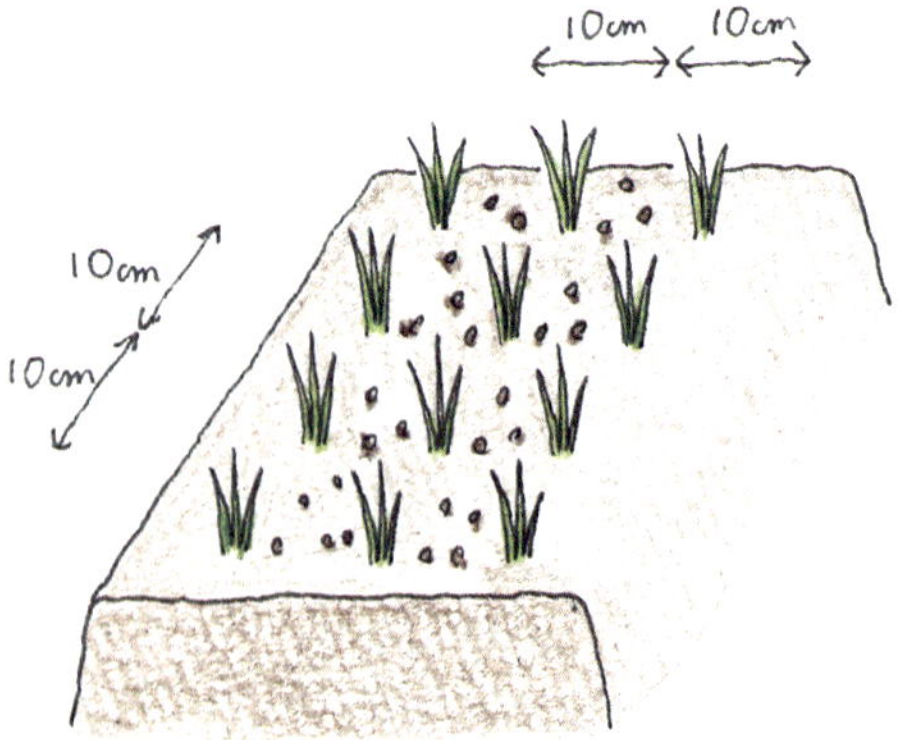

4 3月～9月末までは1カ月に1回追肥を行う。肥料は粉状の醗酵油かすを1㎡あたり100g程度（2～3握り）バラまく。土が乾燥して地表面が固くなるようなら、そこだけ移植ゴテでほぐし、水やりを行なう

5 夏になり花芽が上がってきたら必ず摘み取る。残しておくと株が弱る

6 高さが30cmになったら、株元を3〜4cm残して刈り取る。ただし、1年目は株を充実させるため、できるだけ葉を茂らせ株を大きくし、収穫しない方が良い。数年は収穫できるが、2年に1度掘り上げて株を分割して植え直す

10

葉菜類

ネギ（九条ネギなど）

Leek

ユリ科

1 9月中旬～10月下旬に苗を購入する

2 菜園にバーク堆肥をすき込む（1㎡に40ℓくらい）

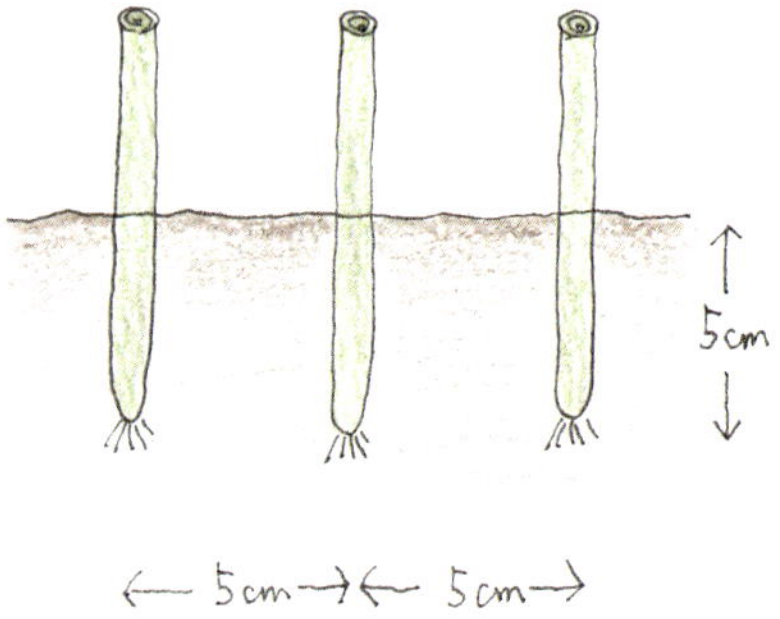

3 5cm間隔で深さ5cmの穴を開け、1カ所につき1本の苗を植え付ける。その後、たっぷりと水やりをする

4 9月～12月末までは3週間に1回追肥を行う。肥料は粉状の醗酵油かすを1㎡あたり200g程度（5～6握り）バラまく。土が乾燥して地表面が固くなるようなら、そこだけ移植ゴテでほぐし、水やりを行なう

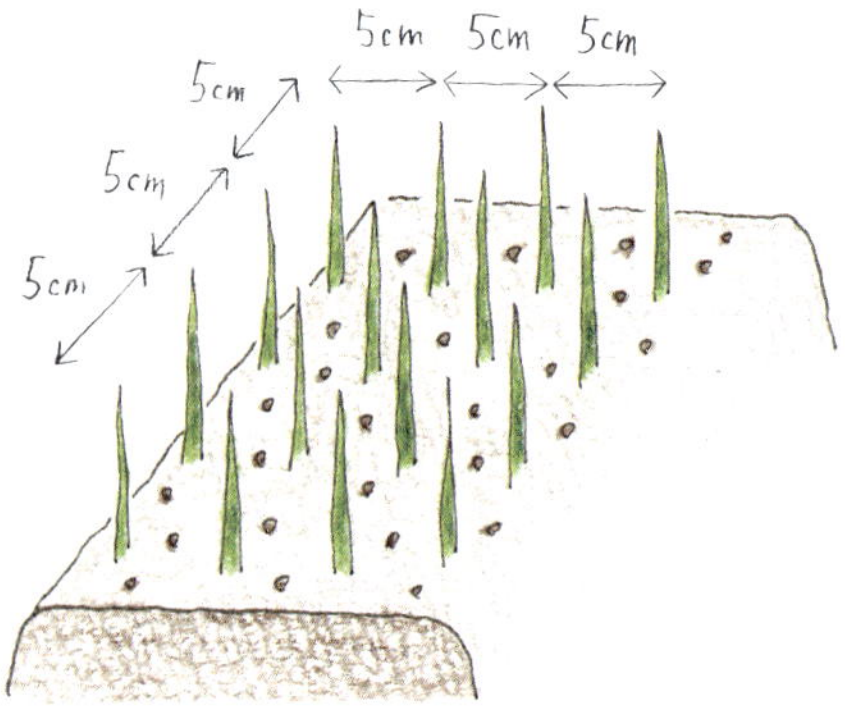

5 追肥ごとに5cm土寄せするとネギの白い部分(軟白部)が多くなる。5cm以上土寄せするとネギが腐ることがあるので注意する

6 大きくなったものから掘り取って収穫する。霜が降ったらさらにおいしくなる

11

葉菜類

ツルムラサキ

Indian spinach

ツルムラサキ科

1 5月中旬以降に苗を購入する

2 菜園にバーク堆肥をすき込む（1㎡に20ℓくらい）

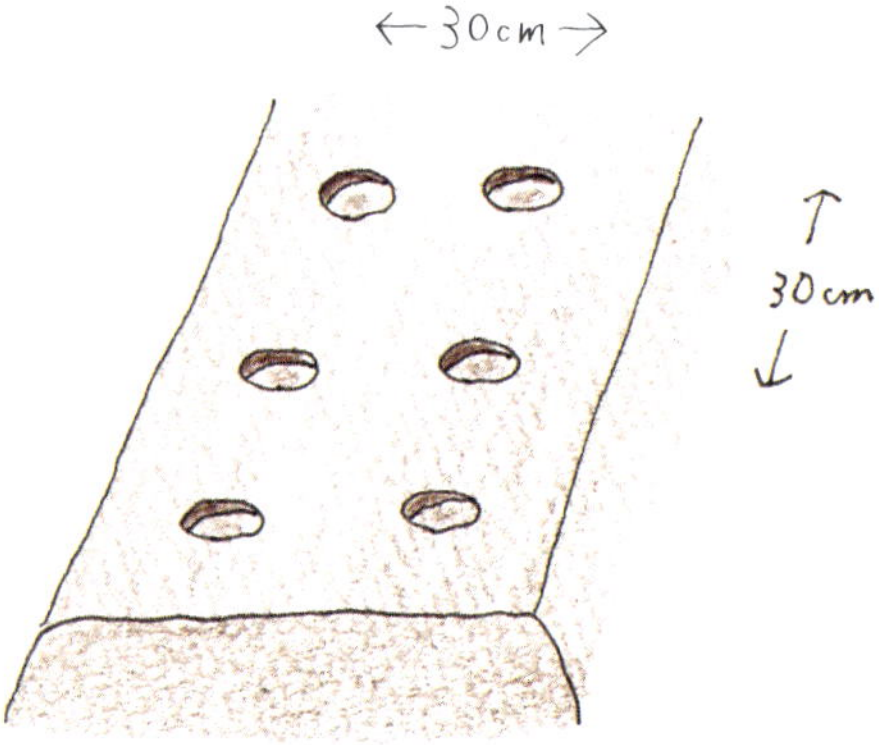

3 株間30cm間隔で直径10cm深さ5〜6cmの穴をあける。その中に水を入れる

4 水が引いたところで苗を植える。地表面にバーク堆肥を厚さ3cm敷き詰める。その後、たっぷりと水やりをする

5 竹支柱を立てる

6 2〜3週間に1回、粉末の醗酵油かすを1㎡100g（2〜3握り）株元にバラまく。その後、地表面にバーク堆肥を厚さ3㎝敷き詰める

7 メインのツルを竹支柱に誘引する。ツルが落ちないように、ところどころ結束する

8 わき芽の葉を2〜3枚残し収穫する。収穫後も❻を続ける

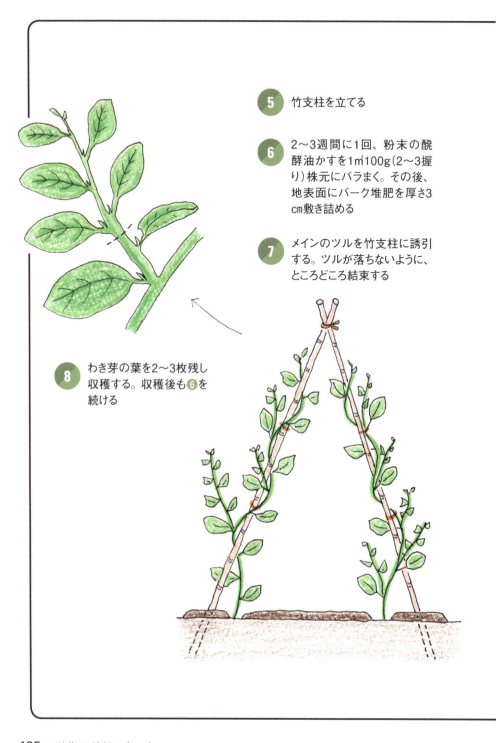

Chinese spinach

12

葉菜類

クウシンサイ

ヒルガオ科

1. 5月中旬以降に苗を購入する
2. 菜園にバーク堆肥をすき込む（1㎡に20ℓくらい）

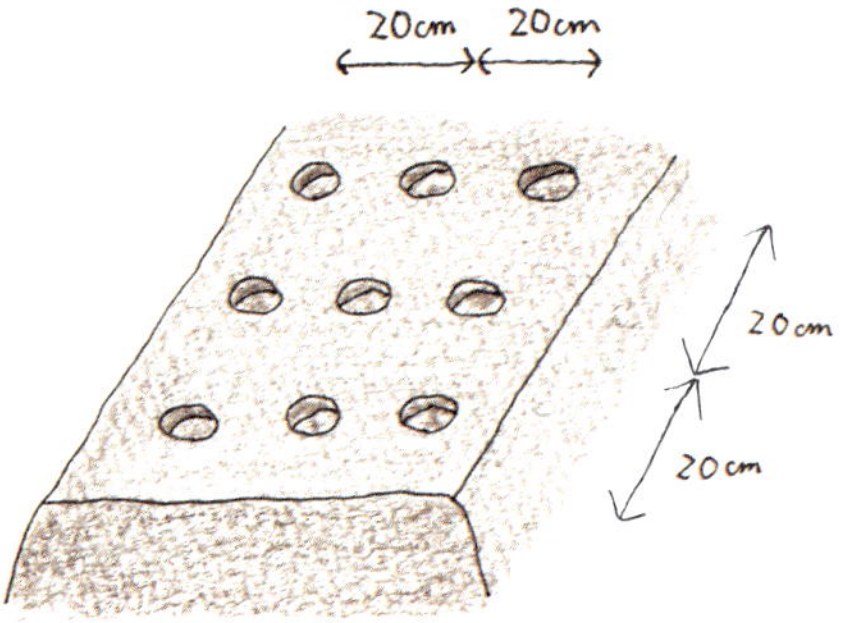

3. 株間20㎝間隔で直径10㎝深さ5～6㎝の穴をあける

4. 穴の中に水を入れ、水が引いたところで苗を植える。地表面にバーク堆肥を厚さ3㎝敷き詰める。その後、たっぷりと水やりをする

5 2〜3週間に1回、粉末の醗酵油かすを1㎡100g（2〜3握り）を株元にバラまく。その後、地表面にバーク堆肥を厚さ3㎝敷き詰める

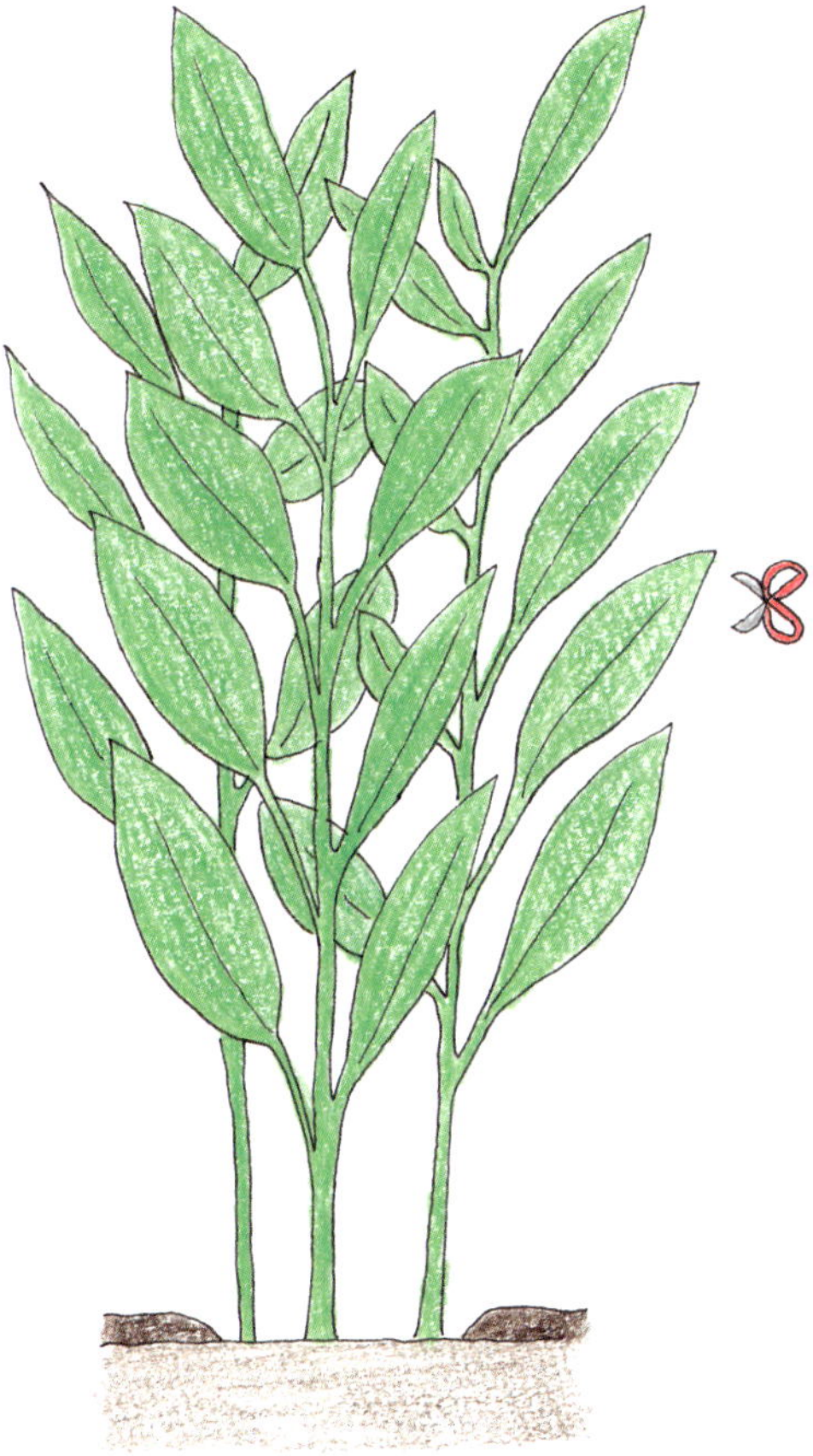

6 メインの茎（草丈）が20㎝になったら、10㎝まで刈り取り収穫する。収穫後も⑤を続ける

13

葉菜類

モロヘイヤ

Jew's mallow

シナノキ科

1 5月中旬以降に苗を購入する

2 菜園にバーク堆肥をすき込む（1㎡に20ℓくらい）

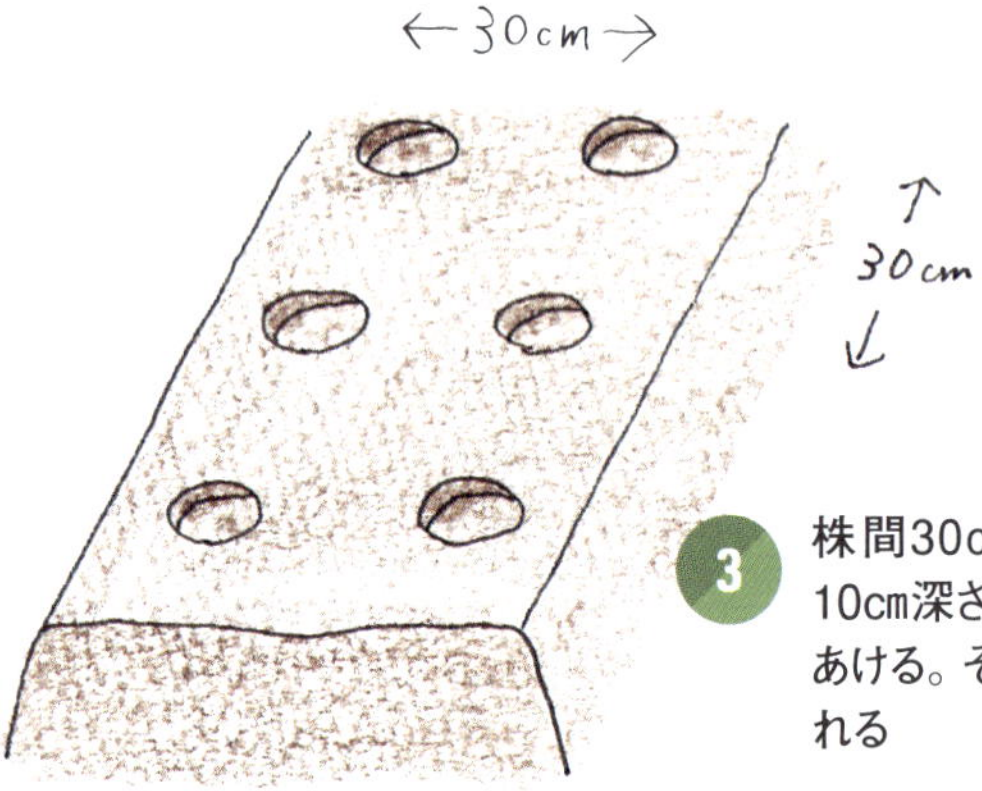

3 株間30㎝間隔で直径10㎝深さ5〜6㎝の穴をあける。その中に水を入れる

4 水が引いたところで苗を植える。地表面にバーク堆肥を厚さ3㎝敷き詰める。その後、たっぷりと水やりをする

5 2〜3週間に1回、粉末の醗酵油かすを1㎡100gを（2〜3握り）株元にバラまく。その後、地表面にバーク堆肥を厚さ3㎝敷き詰める

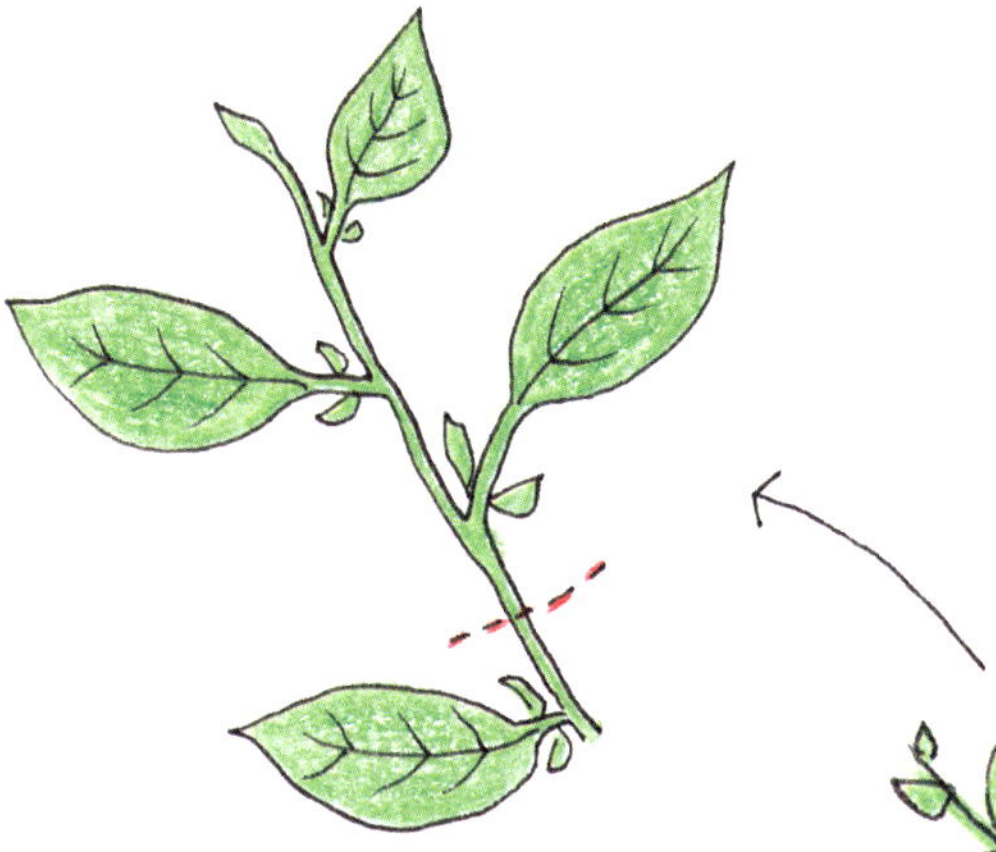

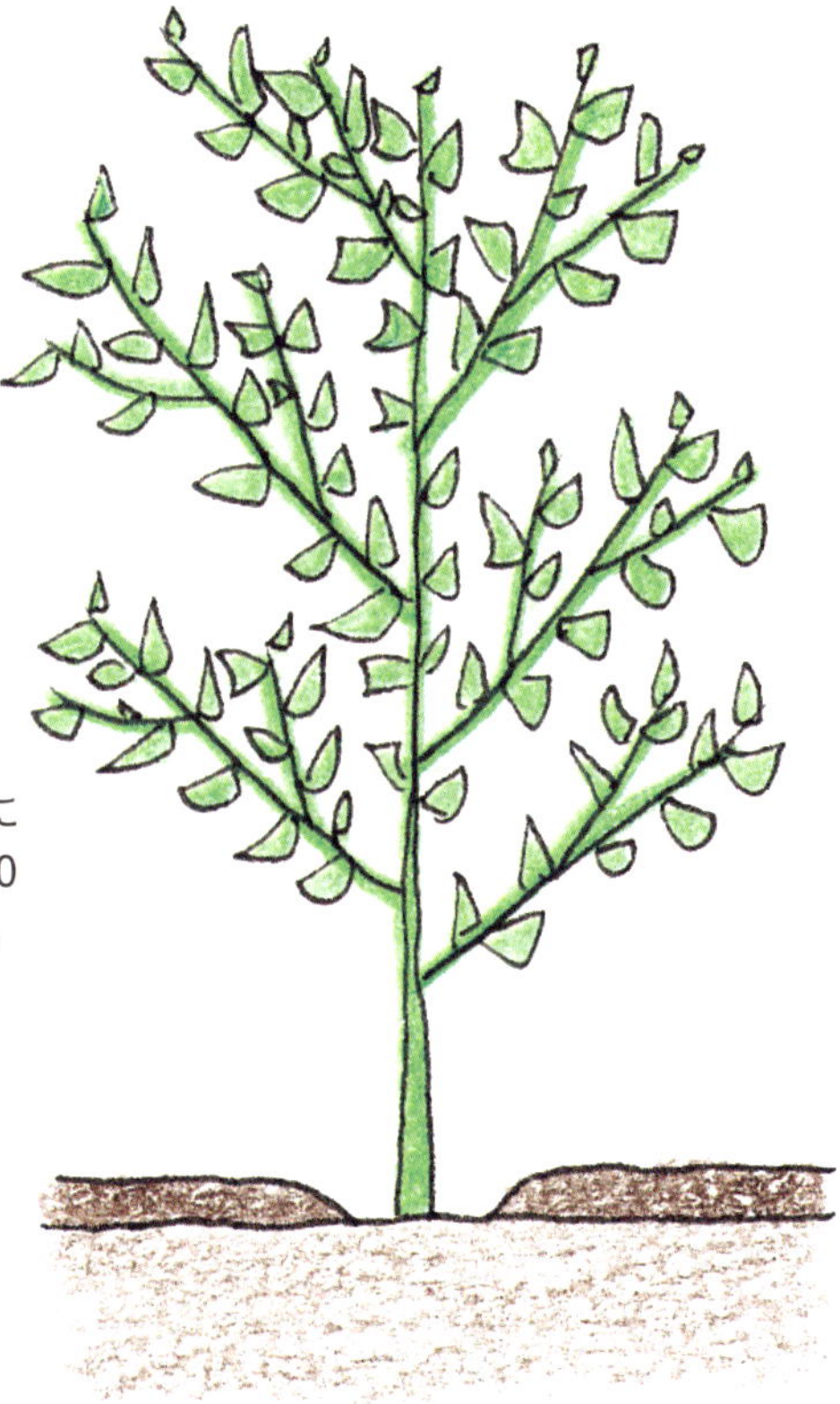

❻ メインの茎(草丈)が30㎝になったら、先端の葉茎を10㎝程度摘み取り収穫する。収穫後も❺を続ける

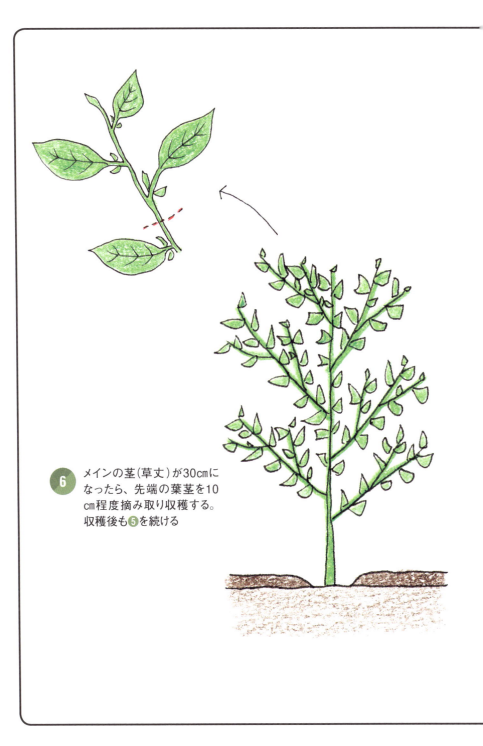

14

葉菜類

バジル

Basil

シソ科

1 5月上旬以降に苗を購入する。栽培時期に10℃以下の低温に当たると、花芽が付きやすくなる

2 菜園にバーク堆肥をすき込む（1㎡に10ℓくらい）

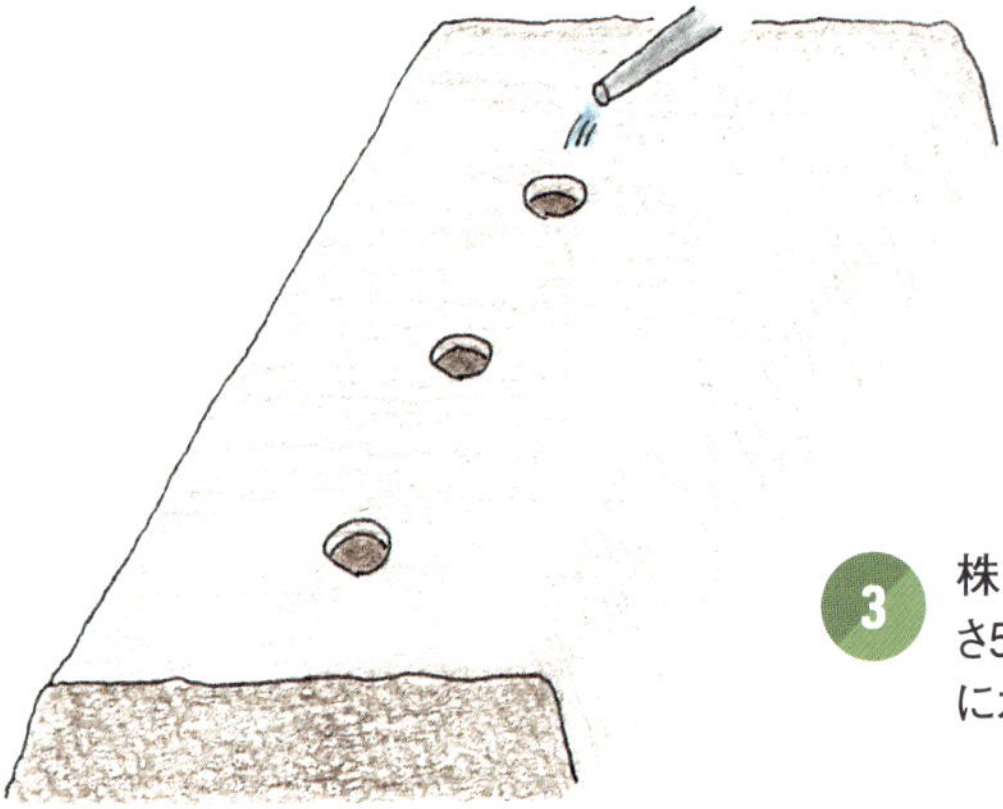

3 株間20㎝間隔で直径10㎝深さ5～6㎝の穴をあける。その中に水を入れる

4 水が引いたところで苗を植える。地表面にバーク堆肥を厚さ3㎝敷き詰める。その後、たっぷりと水やりをする

5 苗を植え付けてから2〜3週間たったら、イラストのようにわき芽を残して収穫する。このようにカットすると、わき芽が勢いよくのびる

6 その後、1株にひと握りの粉状醗酵油かすを株のまわりにバラまき、その上からバーク堆肥を厚さ3㎝敷き詰める。以上のことを3週間に1回繰り返す。地表面が乾いたら水やりをする。わき芽さえ残していれば、どんどん収穫しても問題ない

Mint

15

葉菜類

ミント

シソ科

1 5月上旬以降に苗を購入する

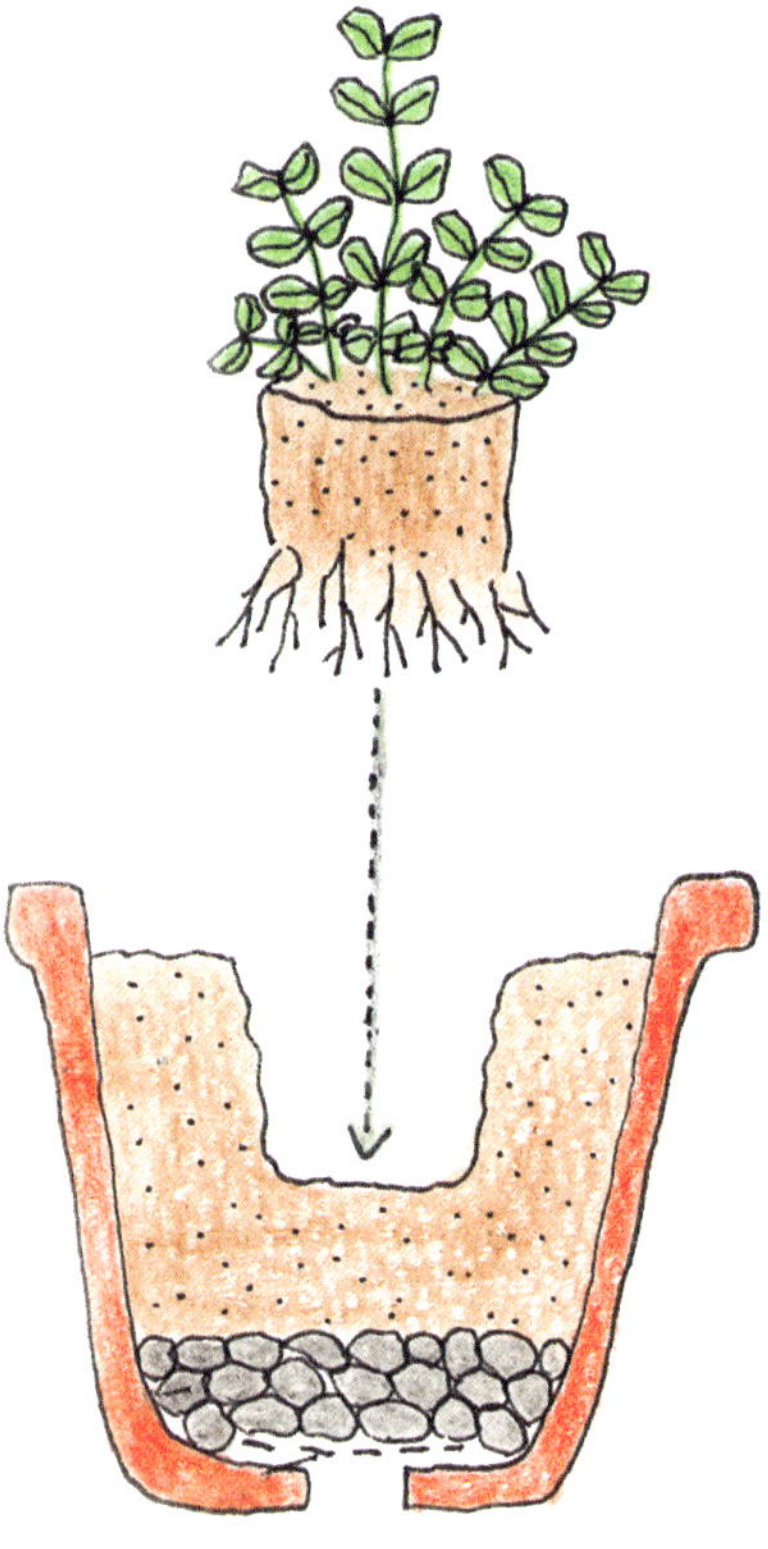

2 そのまま菜園に植え付けると、繁茂しすぎる。鉢植えのまま菜園の隅などに植え付けるため、素焼きの鉢に植え付ける。鉢は5～6号鉢で良い。鉢底の穴から根が外に出て雑草化するので、半年に一度素焼きの鉢の植え付け場所を変える

3 素焼き鉢に植え付けたミントを15cm間隔で菜園に埋め込む。繁殖力の旺盛なハーブ類は、乾燥に耐えるのでこの方法でも育つ

4 モヒート、ミントシロップやケーキ、アイスクリームのトッピングとして楽しむことができる

16

Shallot

葉菜類

ラッキョウ

ユリ科

1 9月中旬～11月下旬にタネ球を購入し、皮つきのまま1片ずつバラバラにする

2 菜園にバーク堆肥をすき込む（1㎡に40ℓくらい）

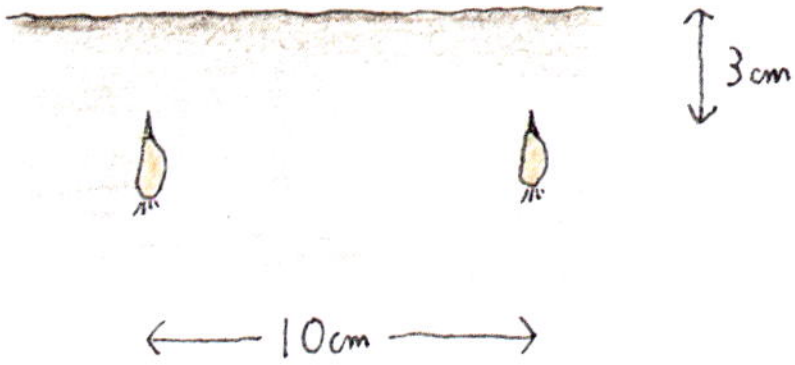

3 10㎝間隔で深さ3㎝の穴をあける。ひとつの穴に1片のラッキョウを尖った方を上にして入れ、覆土する。その後、たっぷりと水やりをする

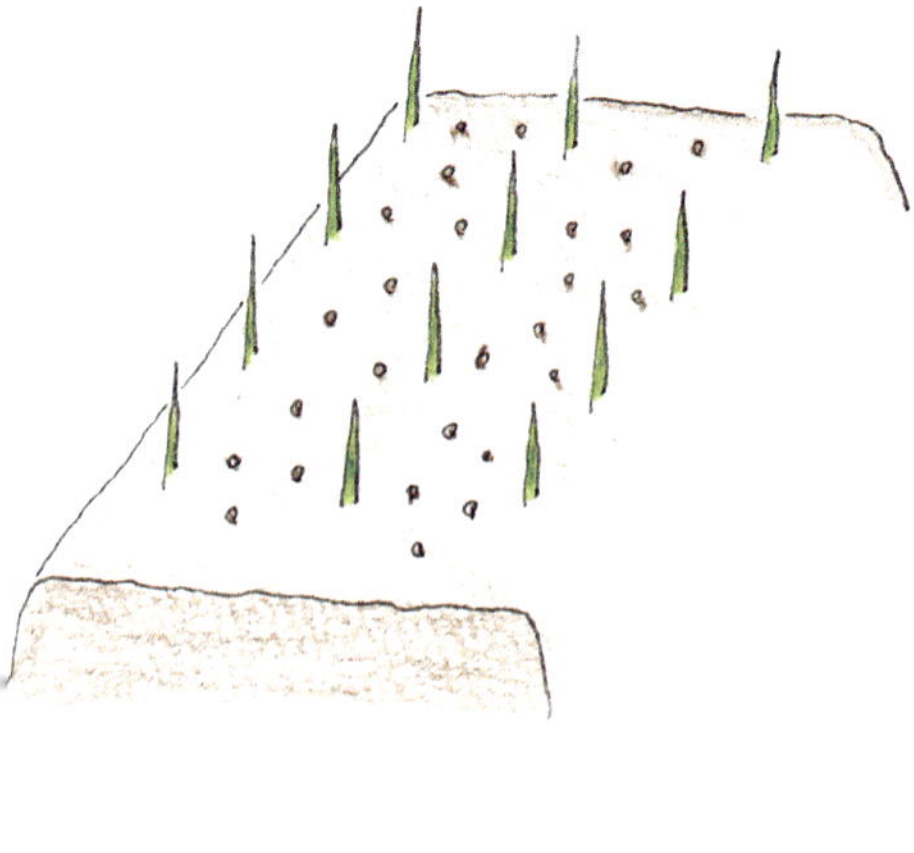

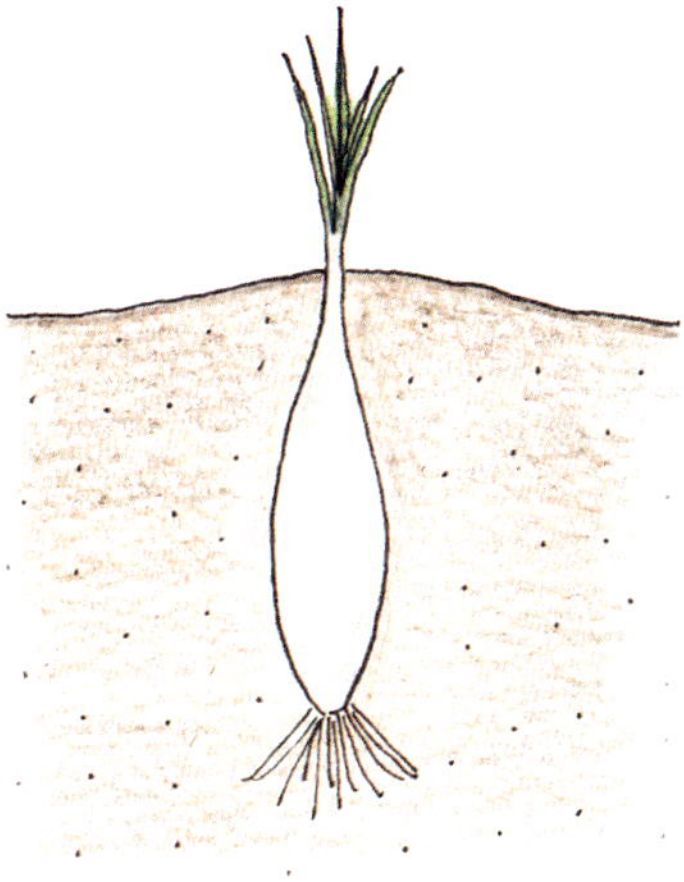

4 10月～2月末までは3週間に1回追肥を行う。肥料は粉状の醗酵油かすを1㎡あたり200g程度（5～6握り）バラまく。土が乾燥して地表面が固くなるようなら、そこだけ移植ゴテでほぐし水やりを行なう

5 葉が枯れだしたら収穫する

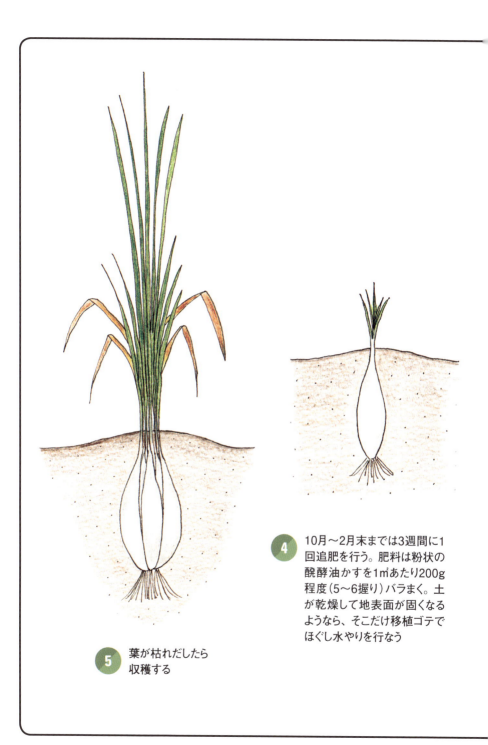

17 ニンニク

Garlic

葉菜類

ユリ科

1 10月～11月にタネ球または、食用ニンニクを購入し、皮つきのまま1片ずつバラバラにする

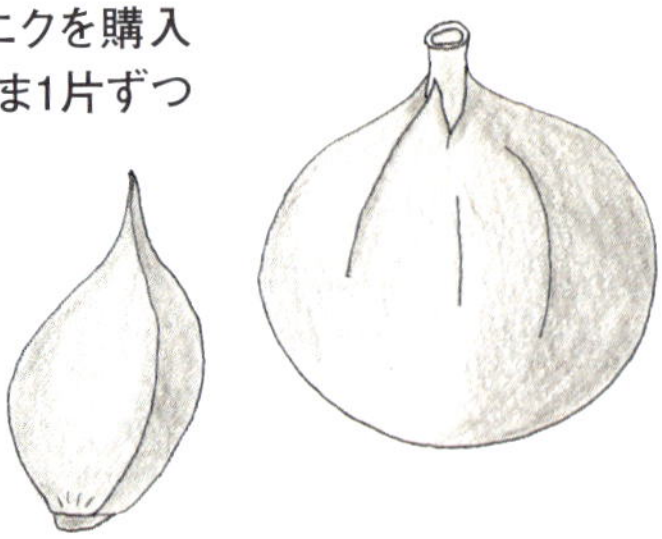

2 菜園にバーク堆肥をすき込む（1㎡に40ℓくらい）

3 15cm間隔で深さ5～6cmの穴をあける。ひとつの穴に1片のニンニクを尖った方を上にして入れ、覆土する。その後、たっぷりと水やりをする

4 12月～2月末までは3週間に1回追肥を行う。肥料は粉状の醗酵油かすを1㎡あたり200g程度（5～6握り）バラ撒く。土が乾燥して地表面が固くなるようなら、そこだけ移植ゴテでほぐし、水やりを行なう

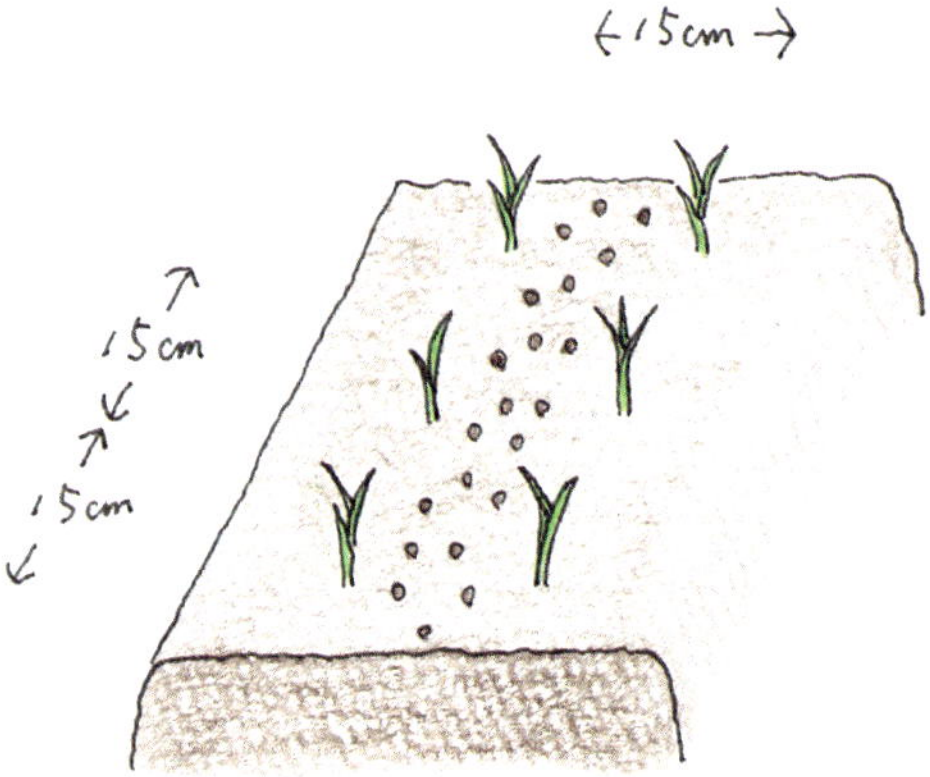

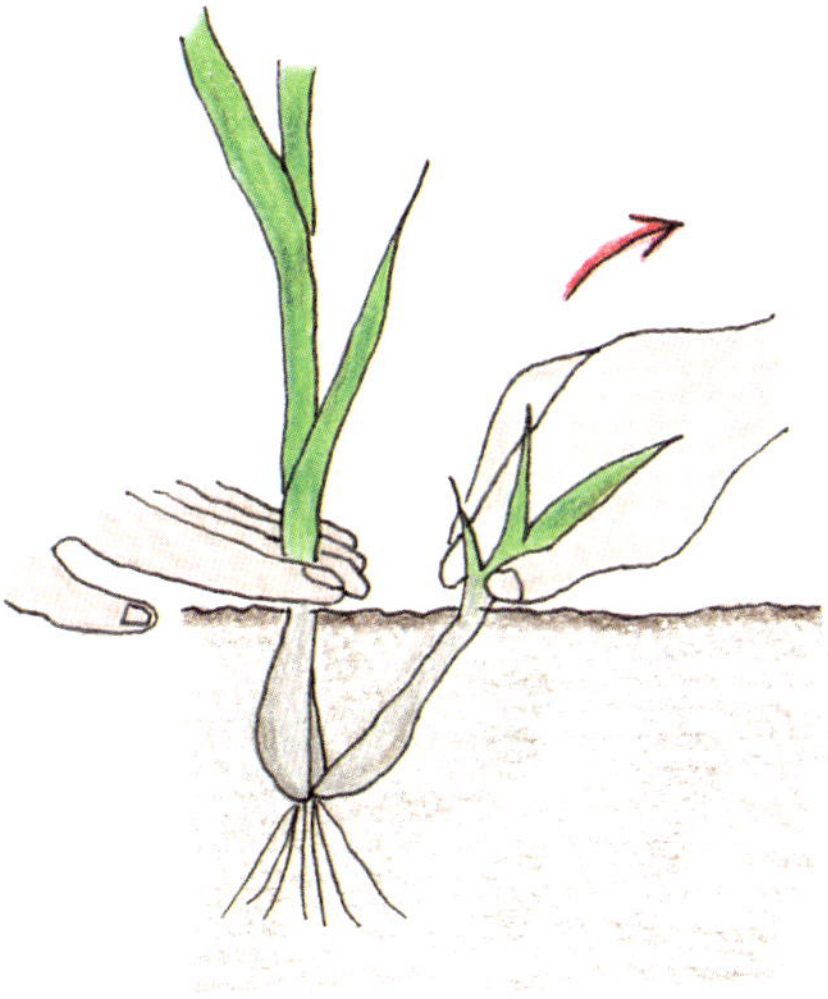

5　1片から芽が2本のびたら、1本を取り除く

6　葉の先端から茎がのびてきたらニンニクの芽として食べる。これを残すと球の肥大を損ねるので、必ずかき取る

7　葉の3分の2が枯れたら収穫する。4～5球ずつ結んで雨の当たらない風通しの良い場所で保存する

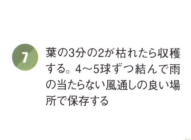

18

葉菜類

タマネギ

Onion

ユリ科

1 11月～12月に苗を購入する。鉛筆より太いものは避ける

2 菜園にバーク堆肥をすき込む。1㎡に40ℓくらい

3 15cm間隔で深さ5～6cmの穴をあける。その中に苗を入れ、まわりの土を寄せて、しっかり押さえる。その後、たっぷりと水やりをする

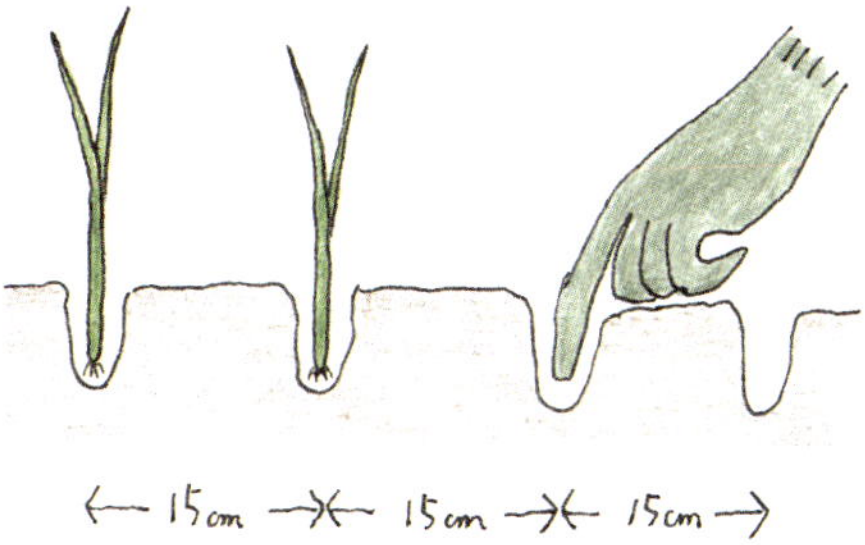

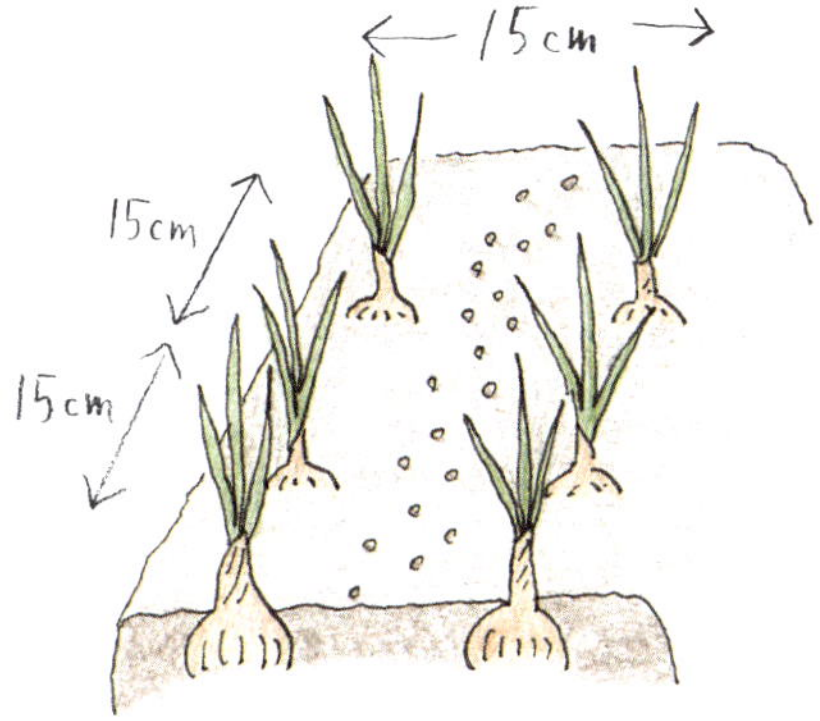

4 12月～2月末までは3週間に1回追肥を行う。3月以降は施肥しない。肥料は粉状の醗酵油かすを1㎡あたり200g程度（5～6握り）バラまく。土が乾燥して地表面が固くなるようなら、地表面のみ移植ゴテでほぐし水やりを行う

5 葉が倒れたら収穫する。4～5個ずつ結んで雨の当たらない風通しの良い場所で保存する

種類ごとの収穫時期

超《ちょう》極《ごく》早《わ》生《せ》……… 4月上旬～中旬
極《ごく》早《わ》生《せ》…………… 4月中旬～下旬
早《わ》生《せ》……………… 5月上旬～中旬
中《なか》生《て》……………… 5月下旬
晩《おく》生《て》……………… 6月中旬

19

果菜類

ミニトマト

（中玉、大玉トマトも同じ）

ナス科

Cherry tomato

1 苗の植え付けは4月下旬から行う

2 菜園にバーク堆肥をすき込む（1㎡に40ℓくらい）

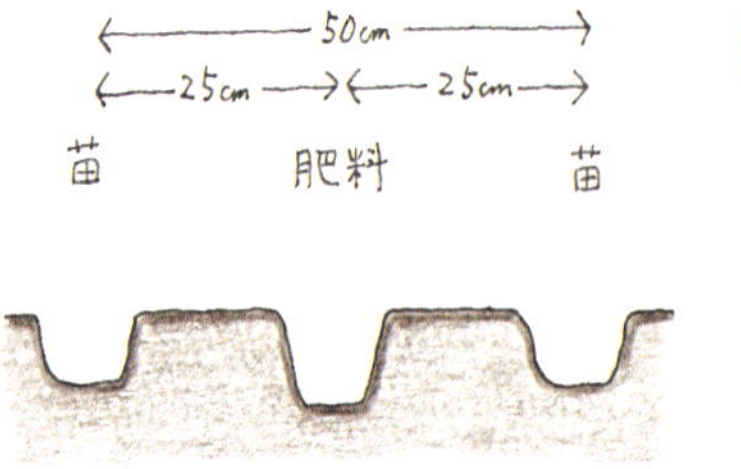

3 苗を植える穴=株間50cm間隔で直径10cm深さ5〜6cmの穴をあける。肥料を入れる穴=株間の真ん中に直径10cm深さ10cmの穴をあける

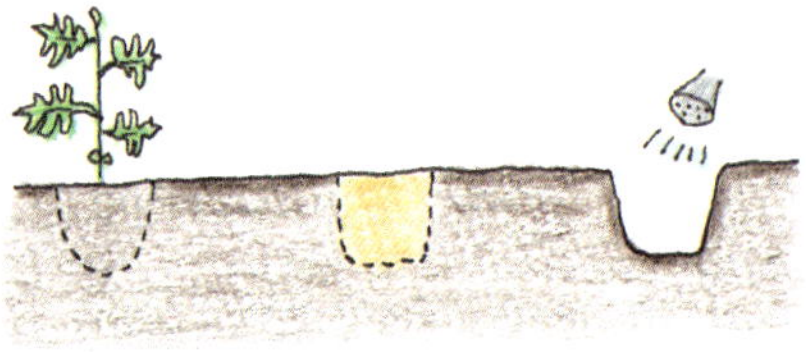

4 苗を植える穴に水を入れる。水が引いたところで苗を植える。肥料を入れる穴に粉状の醗酵油かすとバーク堆肥を1:1に混ぜた肥料を3握り入れる

5 地表面にバーク堆肥を厚さ3cm敷き詰める。その後、仮支柱をして、たっぷりと水やりをする

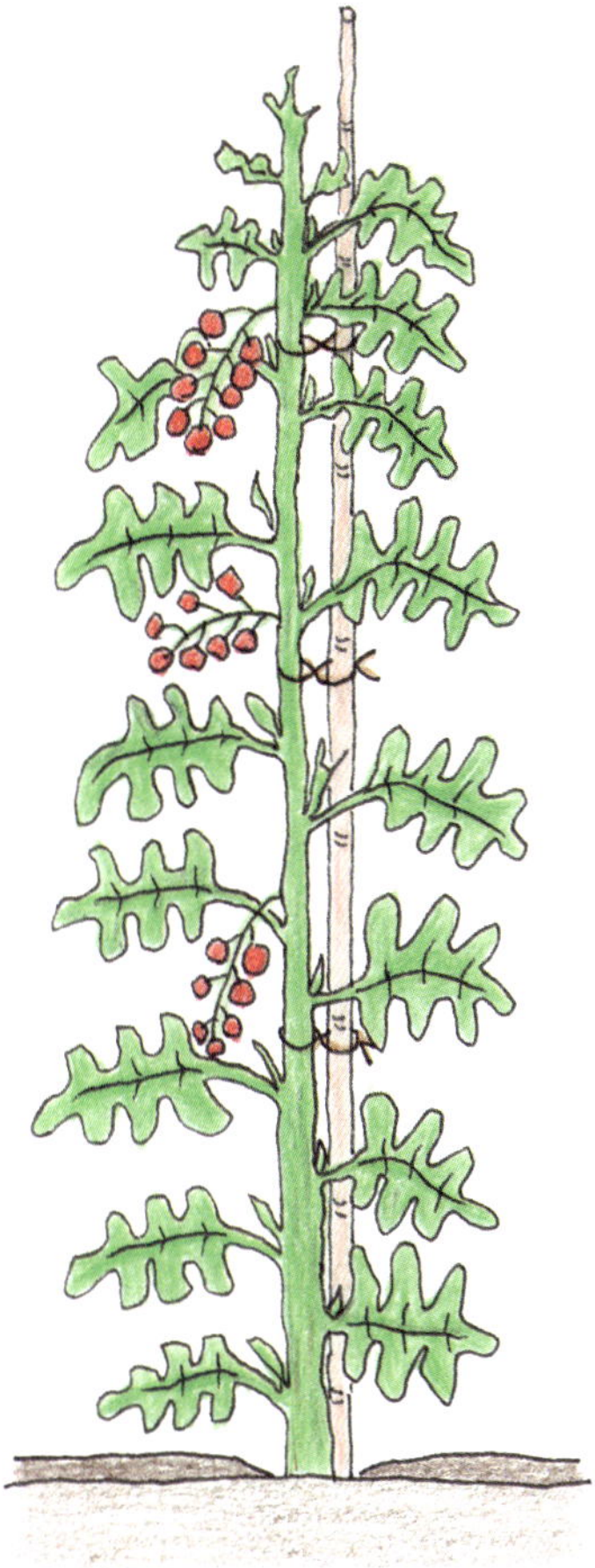

6 わき芽が出てきたら小さなうちに手で摘み取り、1本仕立てにする（ミニ、中玉、大玉共通）

7 苗を植え付けてから2～3週間たったら、1株にひと握りの粉状醗酵油かすを株のまわりにバラまき、その上からバーク堆肥を厚さ3cm敷き詰める。以上のことを3週間に1回繰り返す。地表面が完全に乾いたら水やりをする。上手に育てれば7月～10月まで収穫できる

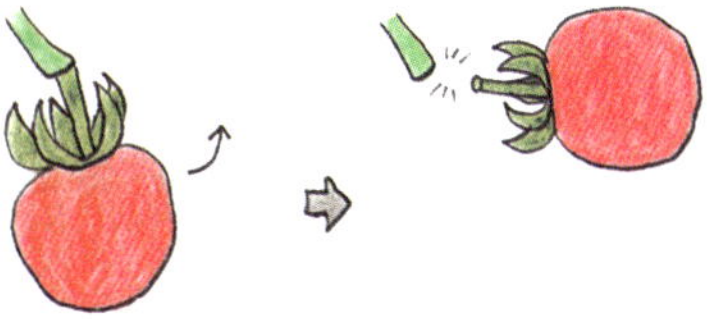

8 イラストの矢印部分を折ると、ハサミなしで収穫できる

Cucumber

20

果菜類

ミニキュウリ

（キュウリも同じ）

ウリ科

1 苗の植え付けは4月下旬から行う。キュウリもミニキュウリと同じ

2 菜園にバーク堆肥をすき込む（1㎡に40ℓくらい）

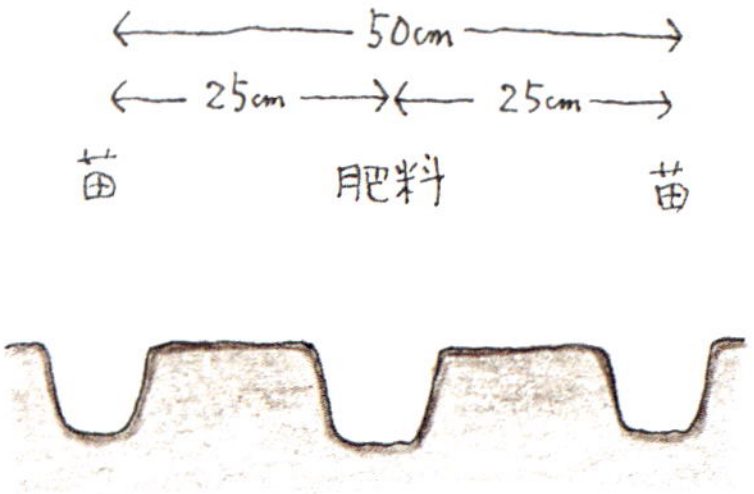

3 苗を植える穴株＝株間50cm間隔で直径10cm深さ5～6cmの穴をあける。肥料を入れる穴＝株間の真ん中に直径10cm深さ10cmの穴をあける

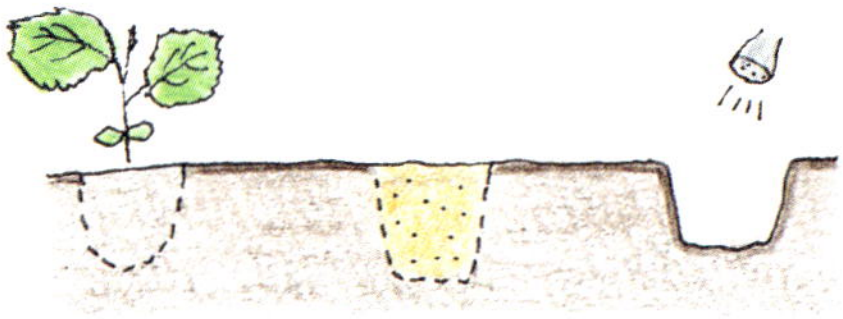

4 苗を植える穴に水を入れる。水が引いたところで苗を植える。肥料を入れる穴に粉状の醗酵油かすとバーク堆肥を1:1に混ぜた肥料を3握り入れる

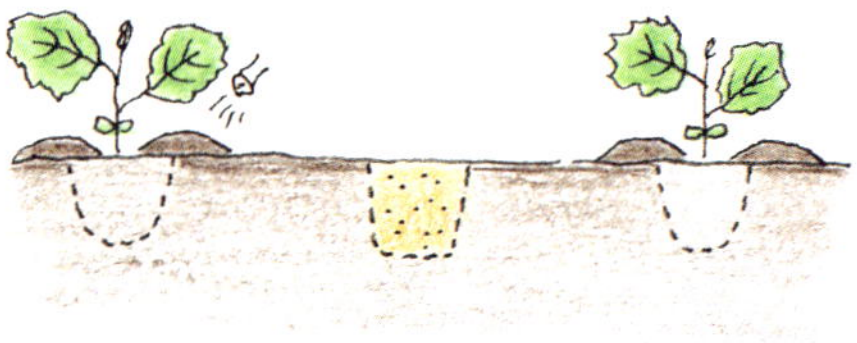

5 地表面にバーク堆肥を厚さ3cm敷き詰める。仮支柱をした後、たっぷりと水やりをする

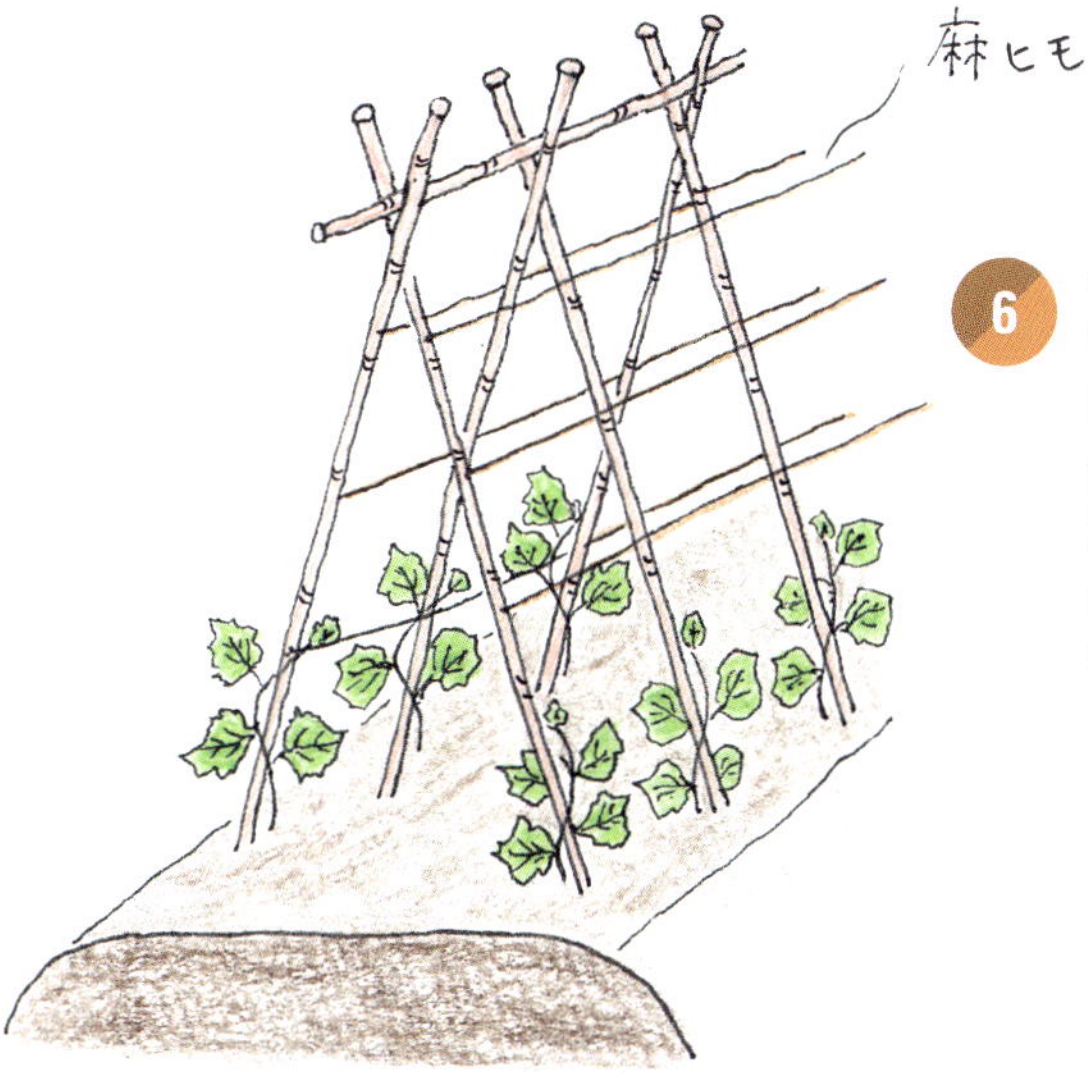

6 その後、支柱＋麻ヒモを設置して、ツルを誘引する。一般的に成長途中でツルを切るが、自給スタイルの場合は、長い期間コンスタントに収穫したいので、あえて切らない。このようにすると病気にもなりにくい

7 苗を植え付けてから2〜3週間たったら、1株にひと握りの粉状醗酵油かすを株のまわりにバラまき、その上からバーク堆肥を厚さ3cm敷き詰める。以上のことを3週間に1回繰り返す。可能であれば毎日水やりする。白いウドン病になった葉は、下葉から切り取って処分する

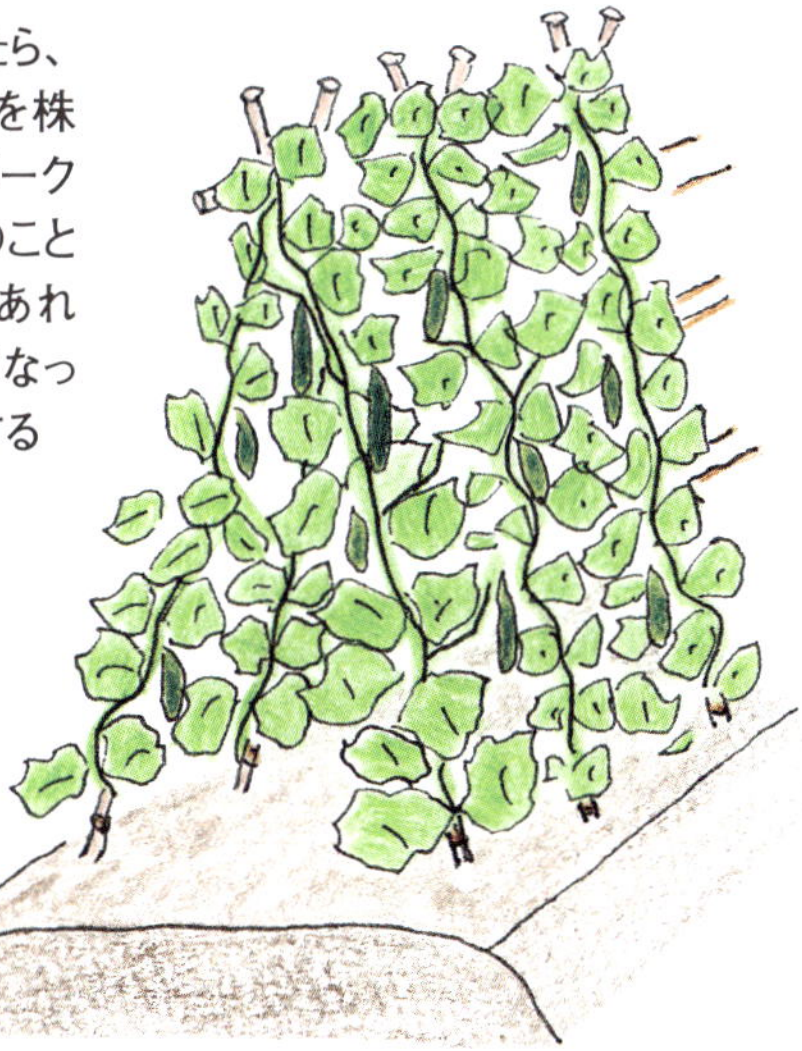

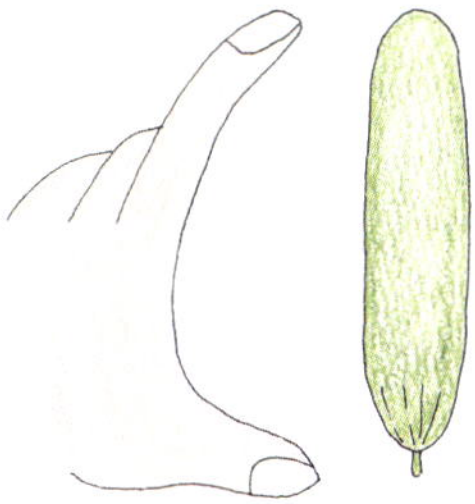

ミニキュウリは食べ切りサイズ

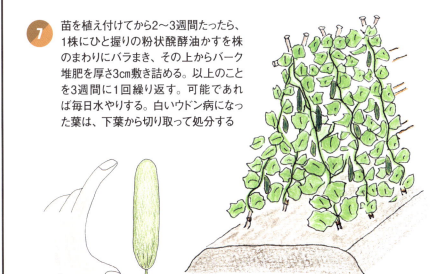

21

果菜類

ナス

Eggplant

ナス科

1 苗の植え付けは4月下旬から行う

2 菜園にバーク堆肥をすき込む（1㎡に40ℓくらい）

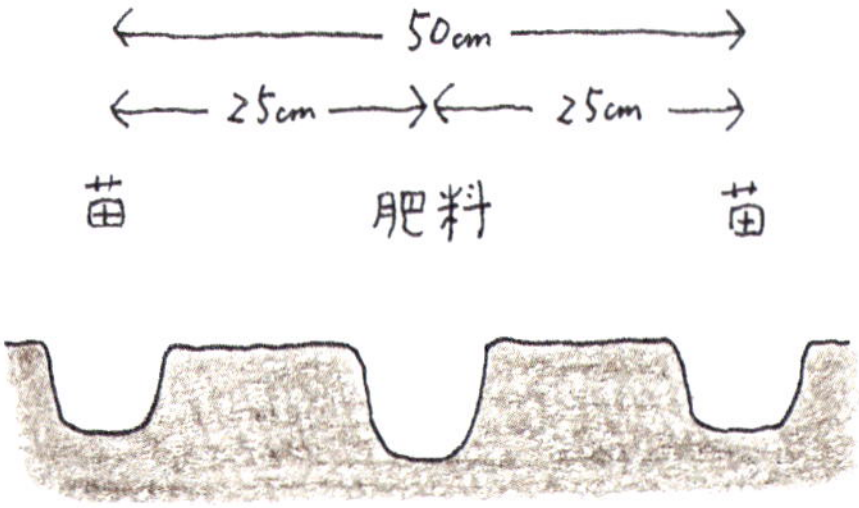

3 苗を植える穴＝株間50cm間隔で直径10cm深さ5〜6cmの穴をあける。肥料を入れる穴＝株間の真ん中に直径10cm深さ10cmの穴をあける

4 苗を植える穴に水を入れる。水が引いたところで苗を植える。肥料を入れる穴に粉状の醗酵油かすとバーク堆肥を1:1に混ぜた肥料を3握り入れる

5 地表面にバーク堆肥を厚さ3cm敷き詰める。その後、仮支柱をして、たっぷりと水やりをする

6 苗の植え付けから2～3週間後、1株にひと握りの粉状醗酵油かすを株のまわりにバラまき、その上からバーク堆肥を厚さ3cm敷き詰める。その後、以上のことを3週間に1回繰り返す。可能であれば毎日水やりを行なう

7 苗が30cm以上になったら、支柱を3本立てる。支柱に沿って元気の良い茎を3本誘引する。大きくなった実から収穫する

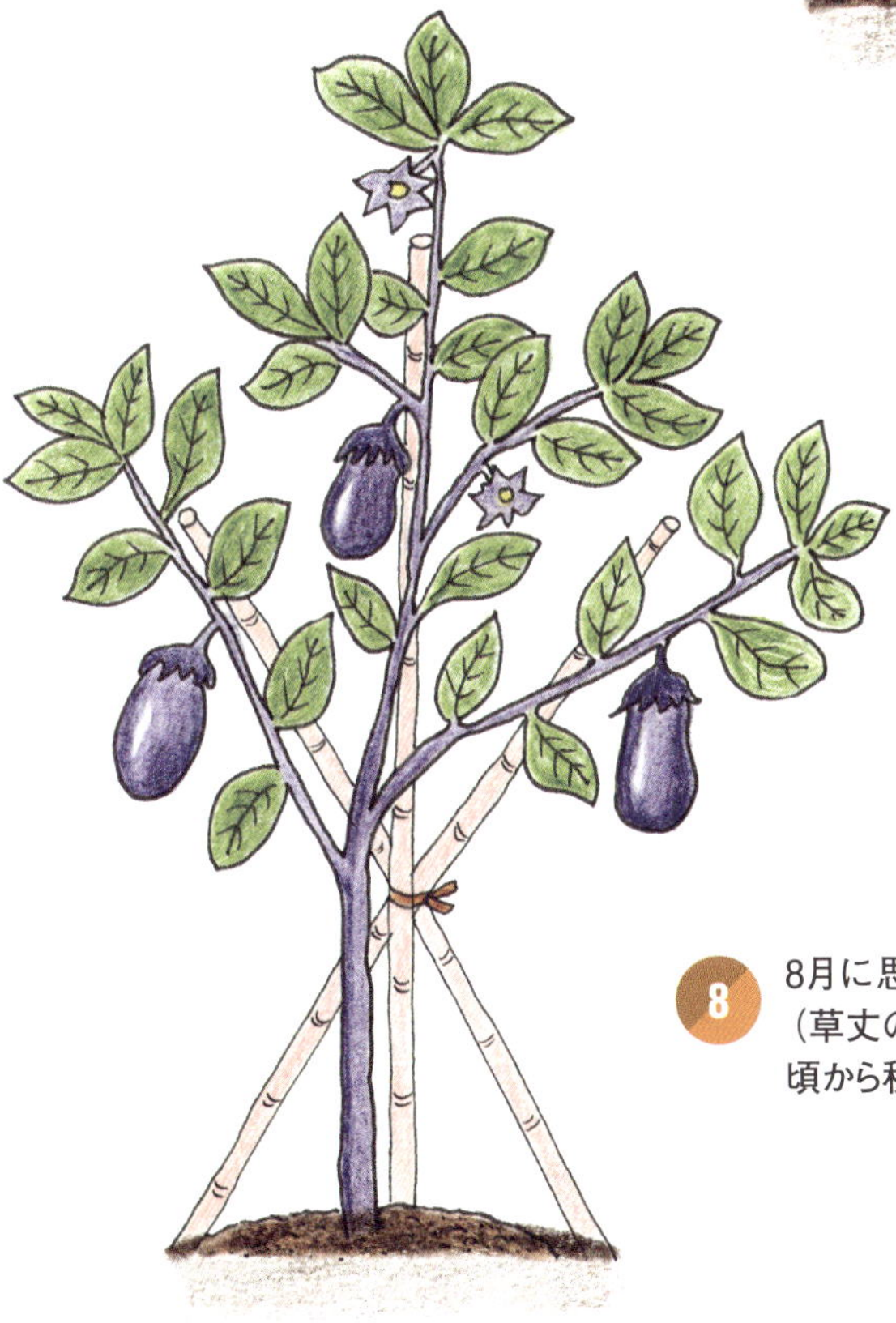

8 8月に思い切って7くらいまで（草丈の半分）切り戻すと、9月頃から秋ナスが収穫できる

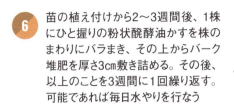

22

果菜類

ピーマン

ナス科

Green pepper

1 4月下旬〜5月末までに苗を購入する。
できれば、次の条件を満たす苗を選ぶ
●ふた葉が付いている
●茎が太い
●一番花が咲いている

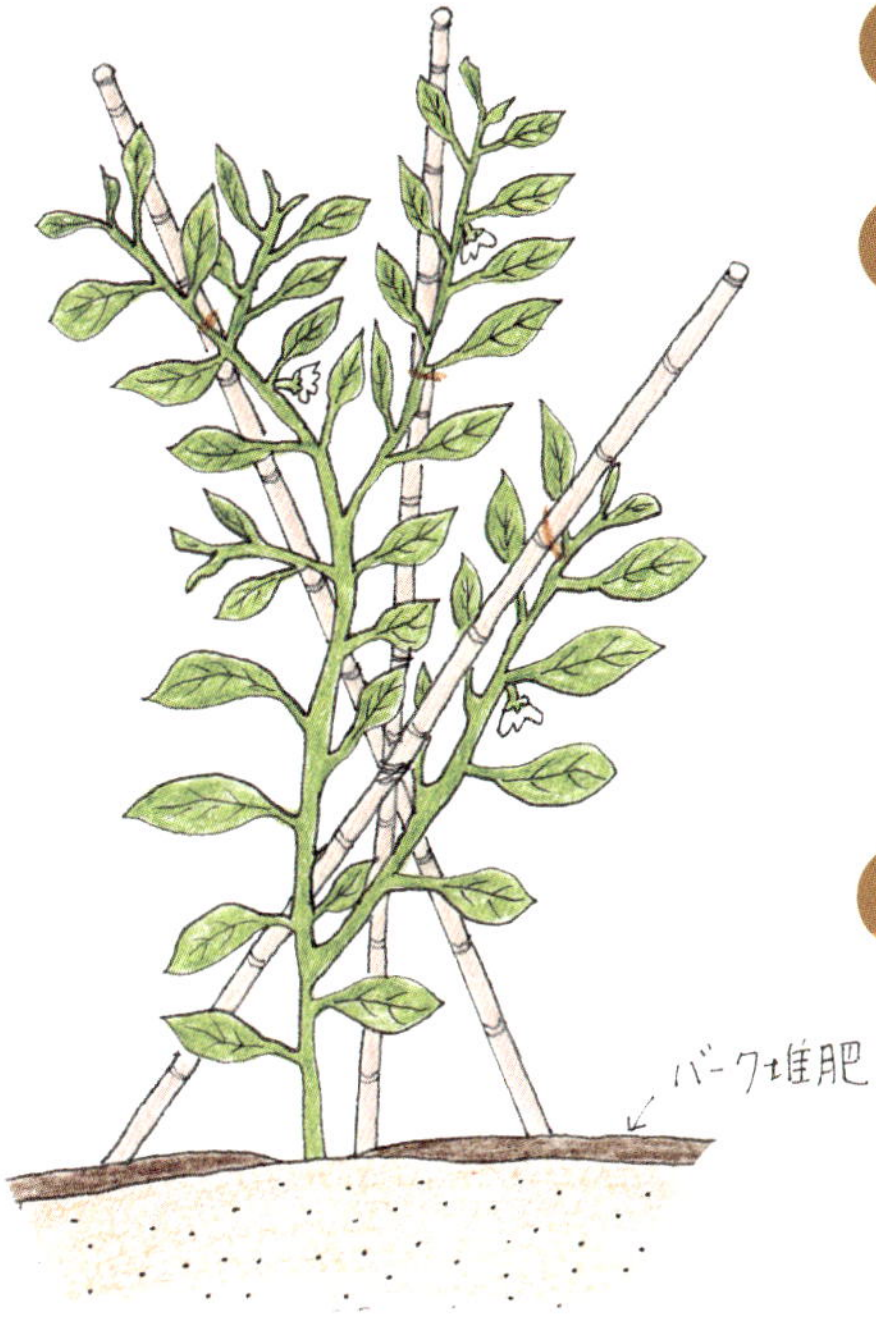

2 菜園にバーク堆肥をすき込む。1㎡に20ℓくらい

3 株間50〜60㎝間隔で直径10㎝深さ5〜6㎝の穴をあけ、その中に水を入れる。水が引いたところで苗を入れ、まわりの土を寄せてしっかり押さえる。地表面にバーク堆肥を厚さ3㎝敷き詰める。苗が倒れそうなら仮支柱をする。その後、たっぷりと水やりをする

4 苗が30㎝以上になったら、支柱を3本立てる。支柱に沿って元気の良い茎を3本誘引する

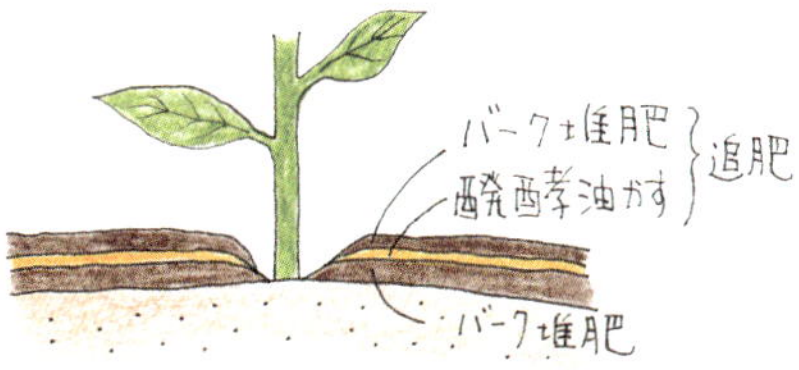

5 苗の植え付けから2〜3週間後、1株にひと握りの粉状醗酵油かすを株のまわりにバラまき、その上からバーク堆肥を厚さ3㎝敷き詰める。その後、同様のことを3週間に1回繰り返す。地表面が乾いたら水やりをする

6 大きくなった実から収穫する

Okra

23

果菜類

オクラ

アオイ科

1 5月～6月に苗を購入する

2 菜園にバーク堆肥をすき込む。1㎡に20ℓくらい

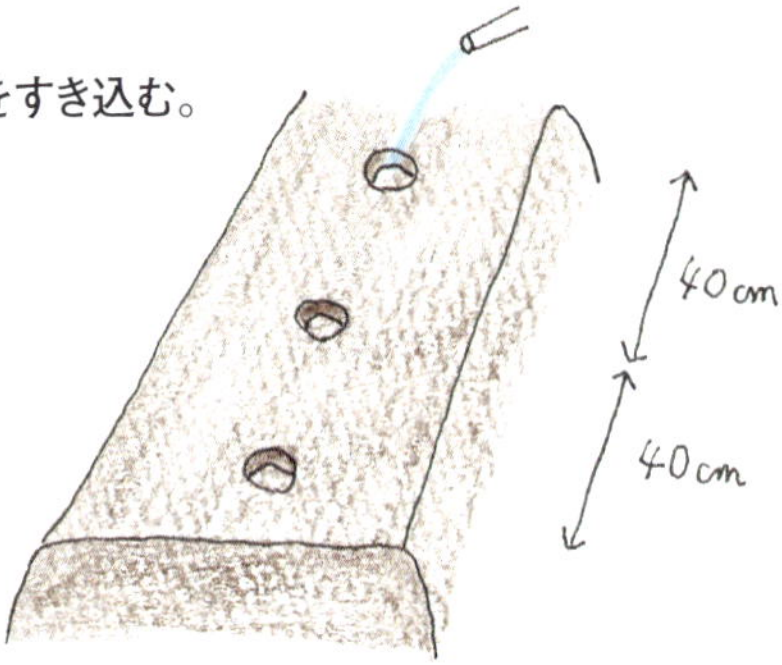

3 株間40cm間隔で直径10cm、深さ5～6cmの穴をあけ、その中に水を入れる。水が引いたところで苗を入れ、まわりの土を寄せて、しっかり押さえる。地表面にバーク堆肥を厚さ3cm敷き詰める。その後、たっぷりと水やりをする

Point

ポット内の数本の苗をバラバラにせず、そのまま植え付ける。バラバラにすると枯れてしまう

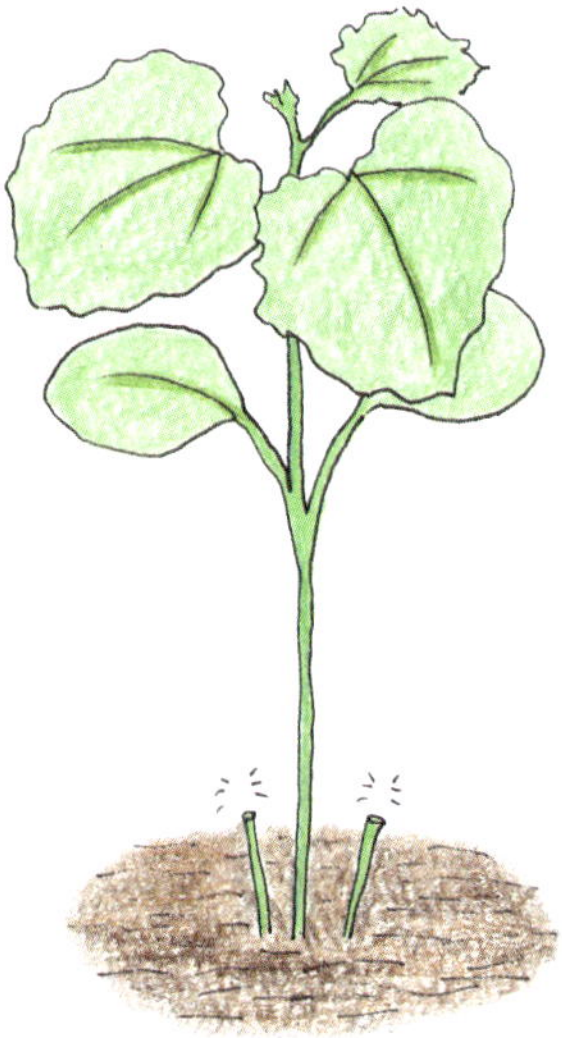

4 本葉が2～3枚になったら、数本あった株をひとつにする。その後、1株にひと握りの粉状醗酵油かすを株のまわりにバラまき、その上からバーク堆肥を厚さ3cm敷き詰める。同様のことを3週間に1回繰り返す。地表面が乾いたら水やりをする

5 開花2〜3日後、ひとさし指の大きさになれば収穫時期。収穫と同時に同じ場所から出ている葉もかき取る

24

果菜類

ズッキーニ

Zucchini

ウリ科

1 苗の植え付けは4月下旬から行う

2 菜園にバーク堆肥をすき込む（1㎡に40ℓくらい）

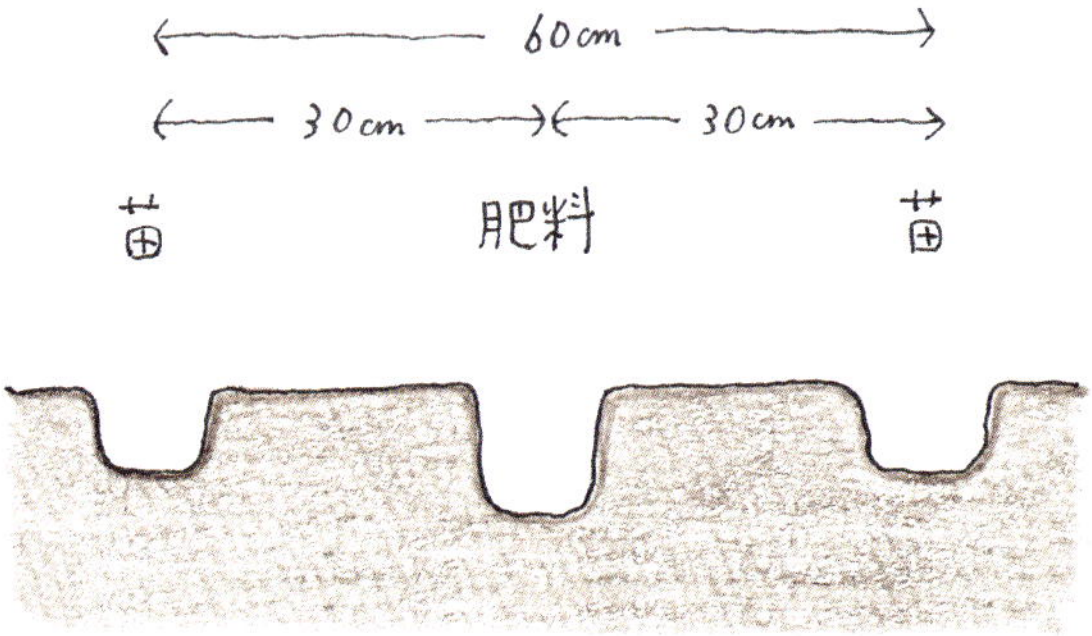

3 苗を植える穴=株間60cm間隔で直径10cm深さ5～6cmの穴をあける。肥料を入れる穴=株間の真ん中に直径10cm深さ10cmの穴をあける

4 苗を植える穴に水を入れる。水が引いたところで苗を植える。肥料を入れる穴に粉状の醗酵油かすとバーク堆肥を1:1に混ぜた肥料を3握り入れる

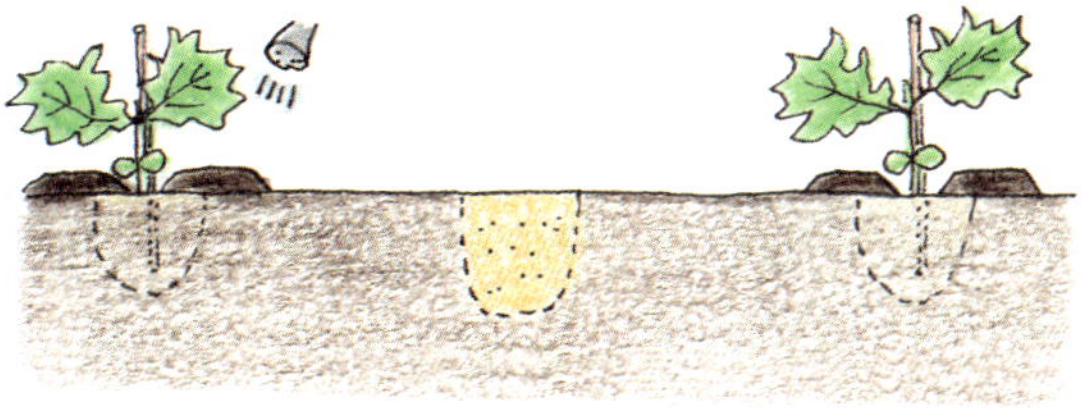

5 仮支柱をして地表面にバーク堆肥を厚さ3cm敷き詰める。その後、たっぷりと水やりをする

6 苗を植え付けてから2〜3週間たったら、1株にひと握りの粉状醗酵油かすを株のまわりにバラまき、その上からバーク堆肥を厚さ3cm敷き詰める。以上のことを3週間に1回繰り返す。茎がのびてきたら2本の支柱を交差させて茎を固定する。白いウドンコ病になった葉は、下葉から切り取って処分する

7 開花してから1週間程度で収穫する。開花して3〜4日で収穫すれば、花ズッキーニとして花も食べることができる

25

果菜類

スナップエンドウ

Snap pea

マメ科

1 11月上旬～下旬にエンドウの種まきをする。30cm間隔で1カ所4～5粒の種をまく

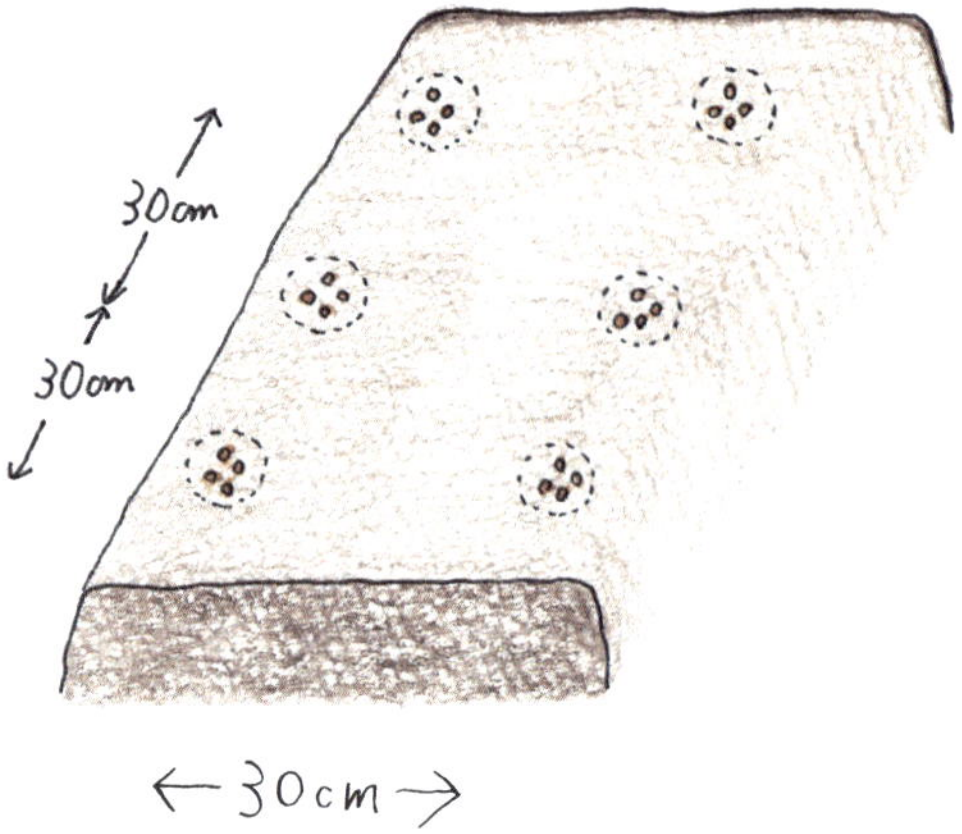

2 覆土は2～3cmにする。鳥除けに刈り草を置く。発芽後は株元に厚さ3cmのバーク堆肥を敷き詰める

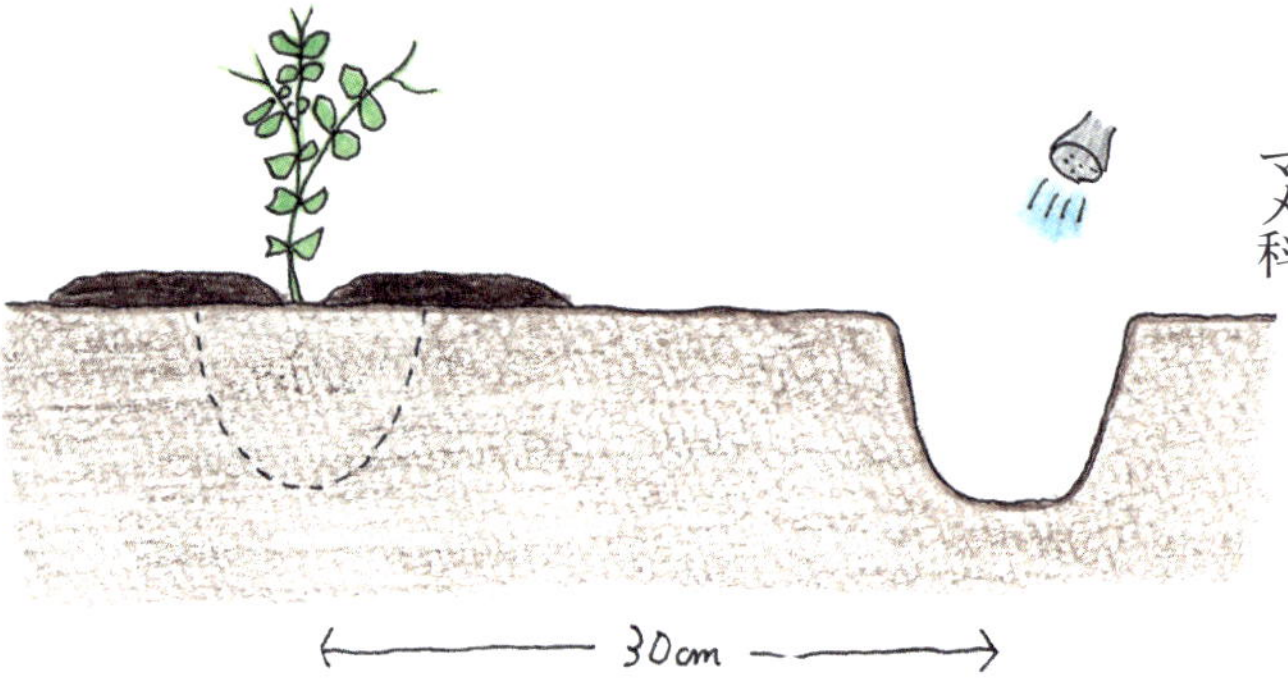

3 苗からスタートする場合は、3月上旬～下旬に30cm間隔で植え穴をあけ、そこに水を入れてから、苗を植え付ける。最後に水やりをしてから、株元に厚さ3cmのバーク堆肥を敷き詰める

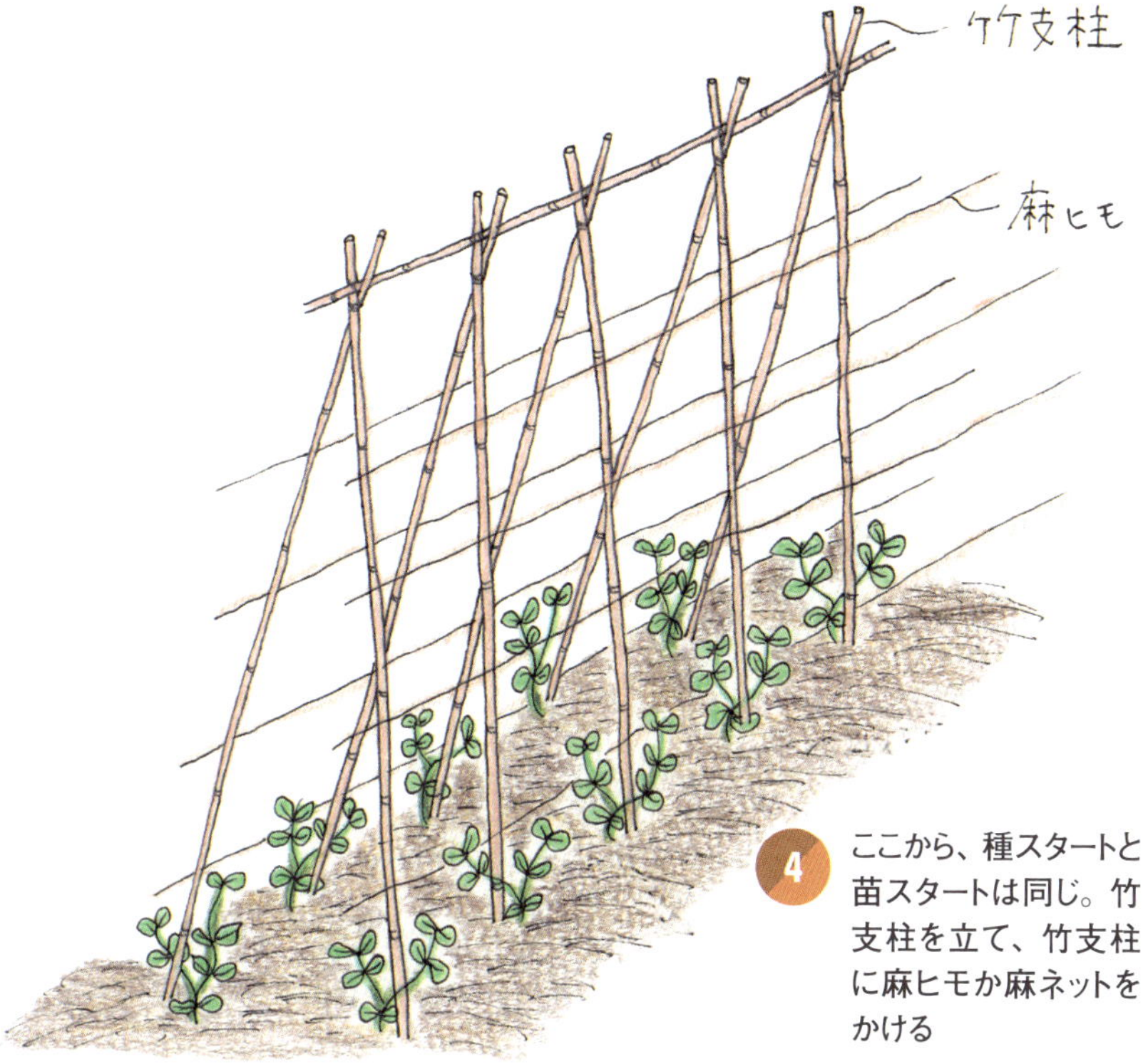

4 ここから、種スタートと苗スタートは同じ。竹支柱を立て、竹支柱に麻ヒモか麻ネットをかける

5 3月上旬から5月中旬まで、2〜3週間に1回、粉末の醗酵油かすを1㎡100g(2〜3握り)株元にバラまく

6 5月頃から大きくなったサヤから収穫する

Potato

26

根菜類

ジャガイモ

ナス科

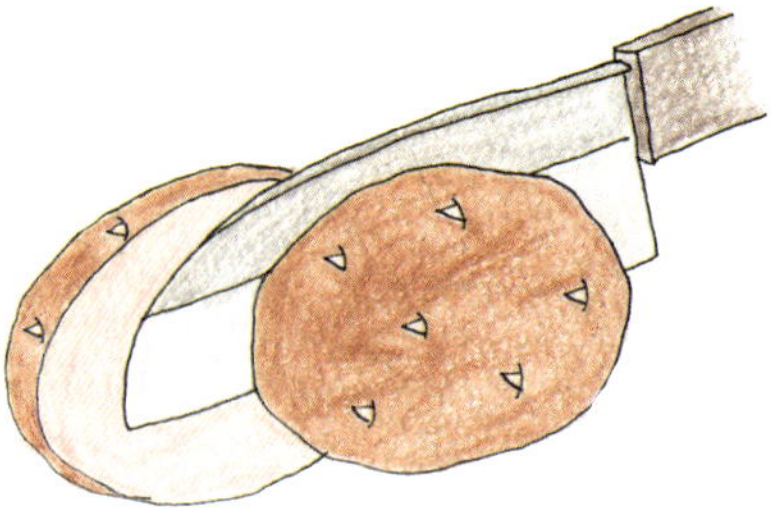

1 春植えのジャガイモは3月中旬～下旬、秋植えなら9月中旬～下旬に種イモを購入して植え付ける。春植えは1切片が40～50gになるように縦切りし、3日間陰干しする。秋植えは切らずにそのまま植え付ける

2 菜園にバーク堆肥をすき込む（1㎡に40ℓくらい）。ジャガイモは酸性土壌を好むので、石灰資材は混ぜ込まない

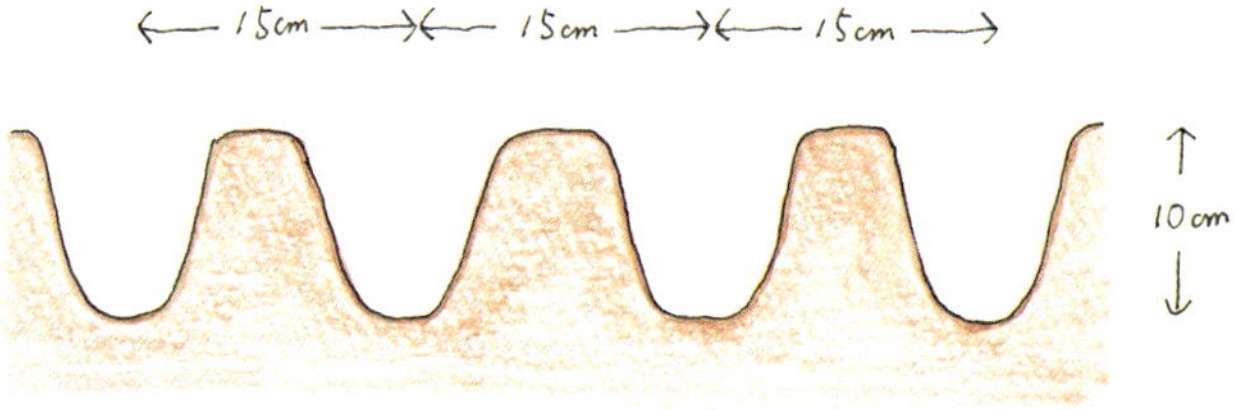

3 15cm間隔で深さ10cmの穴をあける

4 種イモは切り口を下にして30cm間隔で植え付ける。種イモの間の穴に粉状の醗酵油かすとバーク堆肥を1:1に混ぜた肥料をふた握り入れ土を被せる

5 1カ所からたくさんの芽が出るので、勢いの良いものだけを1～2本残して他は取り除く。1本だけ残すとジャガイモの個数は少なくなるが、大きくなる

6 地上部が30cm以上になったら土寄せする

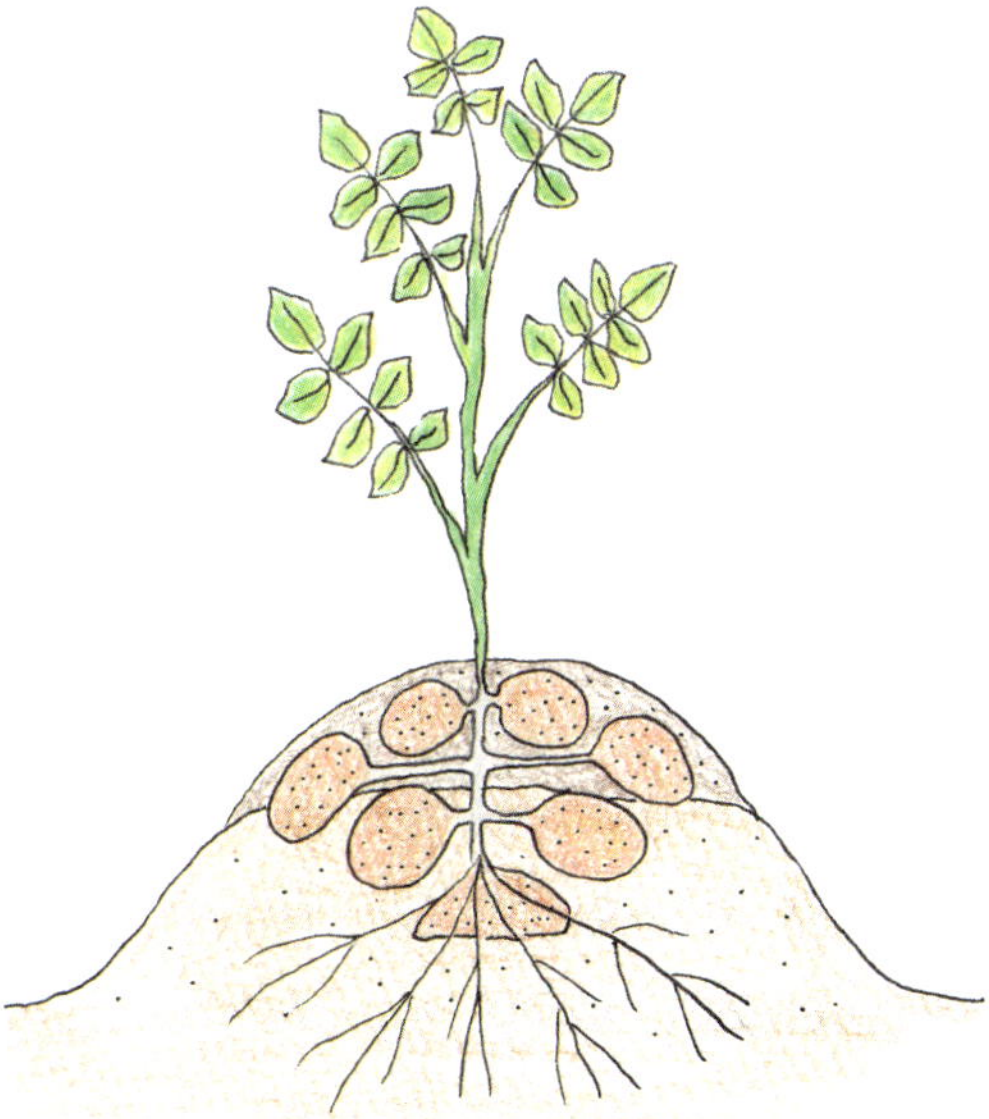

7 葉の3分の2が枯れたら収穫する。ジャガイモは、必ず晴れた日に収穫して、洗わず半日太陽に当てて完全に乾かし、段ボール箱などに入れて保存する（Lesson27参照）。春植えの場合は6月頃、秋植えの場合は12月頃

27

根菜類

サツマイモ

ヒルガオ科

Sweet potato

1 5月中旬〜6月上旬に苗を購入して植え付ける

2 菜園にバーク堆肥をすき込む（1㎡に10ℓくらい）

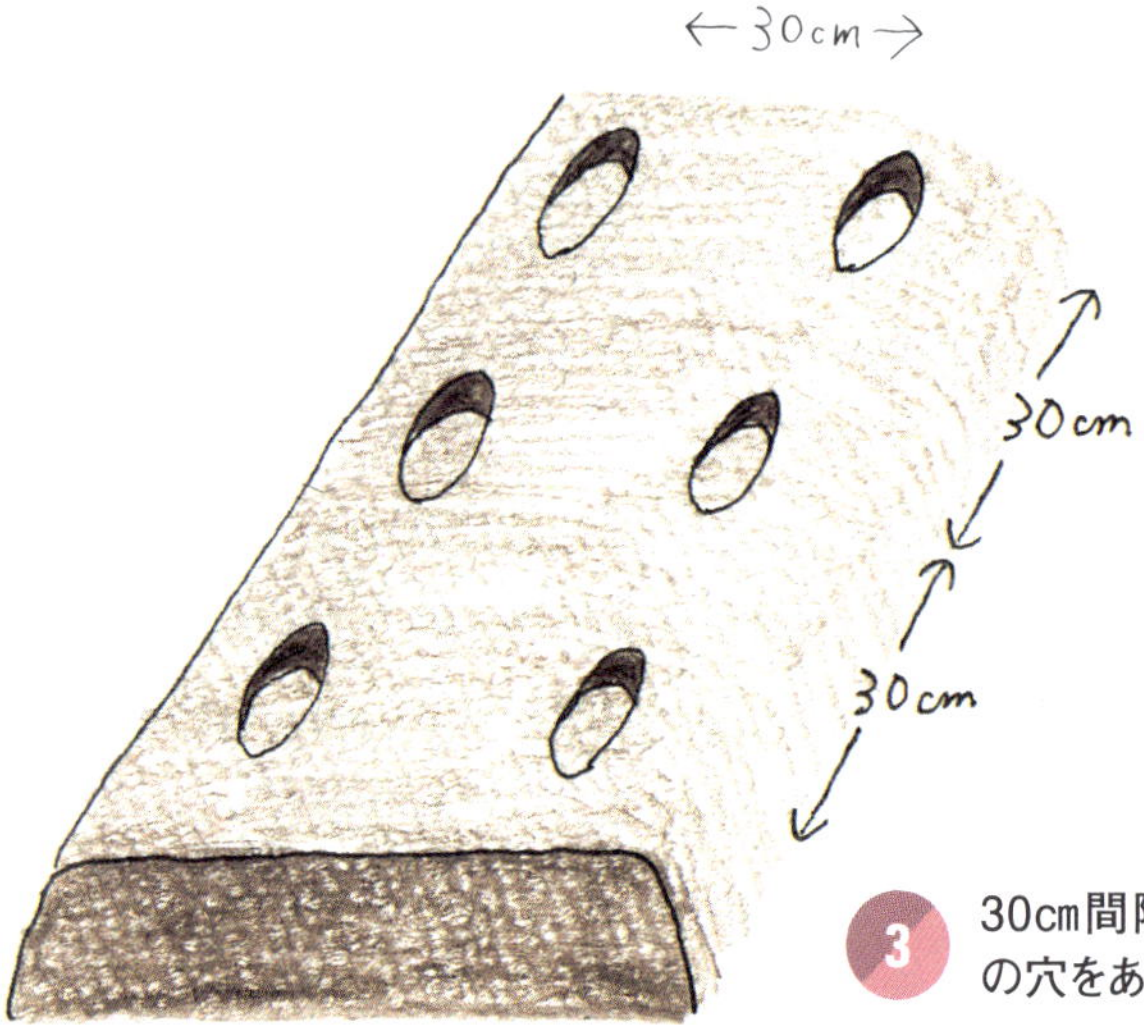

3 30cm間隔で深さ10cmの穴をあける

4 苗をイラストのように植え付け、水やりする。肥料は与えない

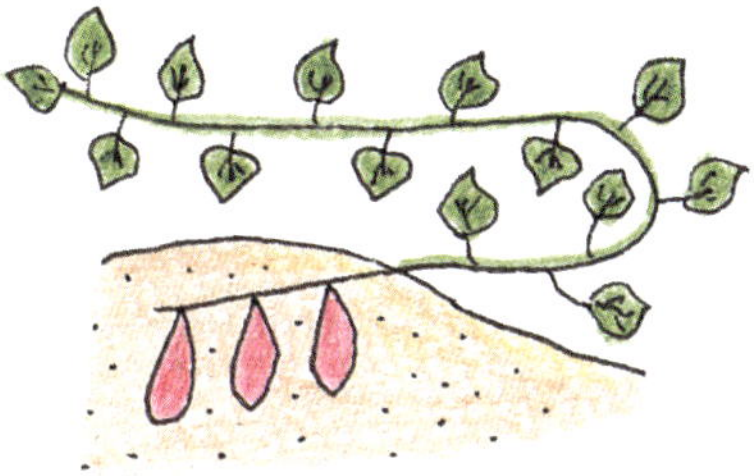

5 ツルがのびてきたら、
ツル返しをする

サツマイモを掘り取るときに
ツルがあると邪魔になるので
収穫前にツルを切る

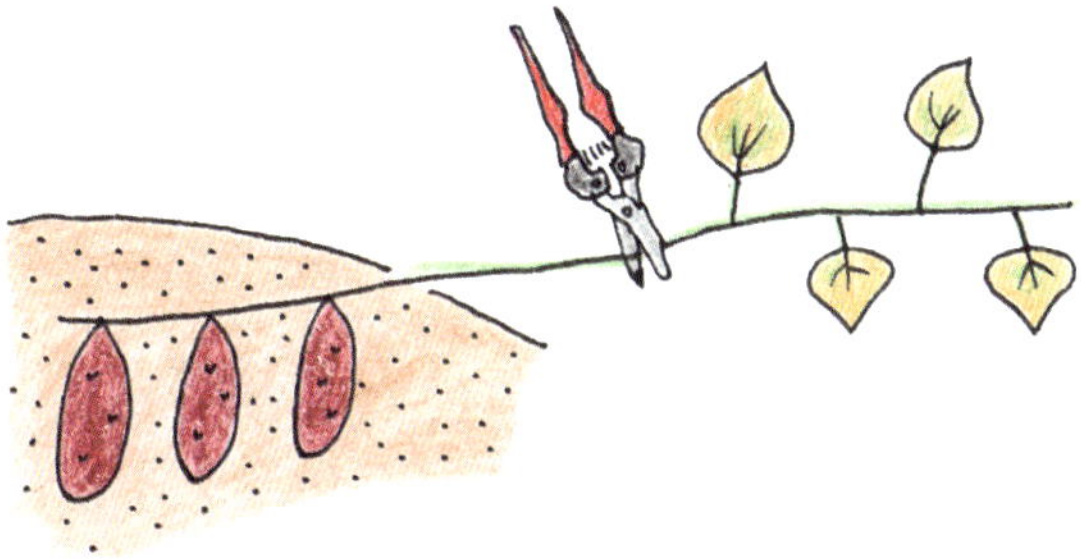

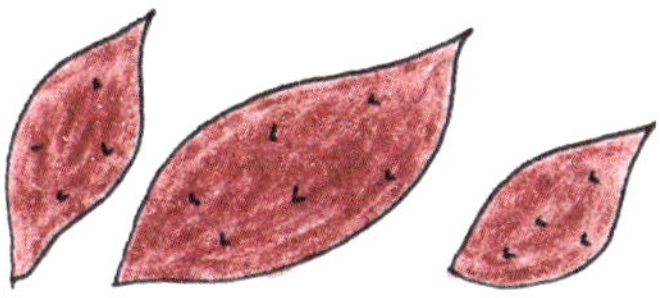

6 10月下旬頃、葉が黄色くなってきたら収穫する。サツマイモは必ず霜が降りる前の晴れた日に収穫して、洗わず半日日に当てて完全に乾かし、段ボール箱などに入れて保存する(Lesson27参照)

28

根菜類

ダイコン

アブラナ科

Japanese white radish

1. 春の種まきは、3月中旬〜下旬、秋の種まきは9月中旬〜下旬に行う。それぞれ、種を購入する前に春まき用の品種か秋まき用の品種か確認する

2. 菜園にバーク堆肥をすき込み、よく耕す（1㎡に20ℓくらい）

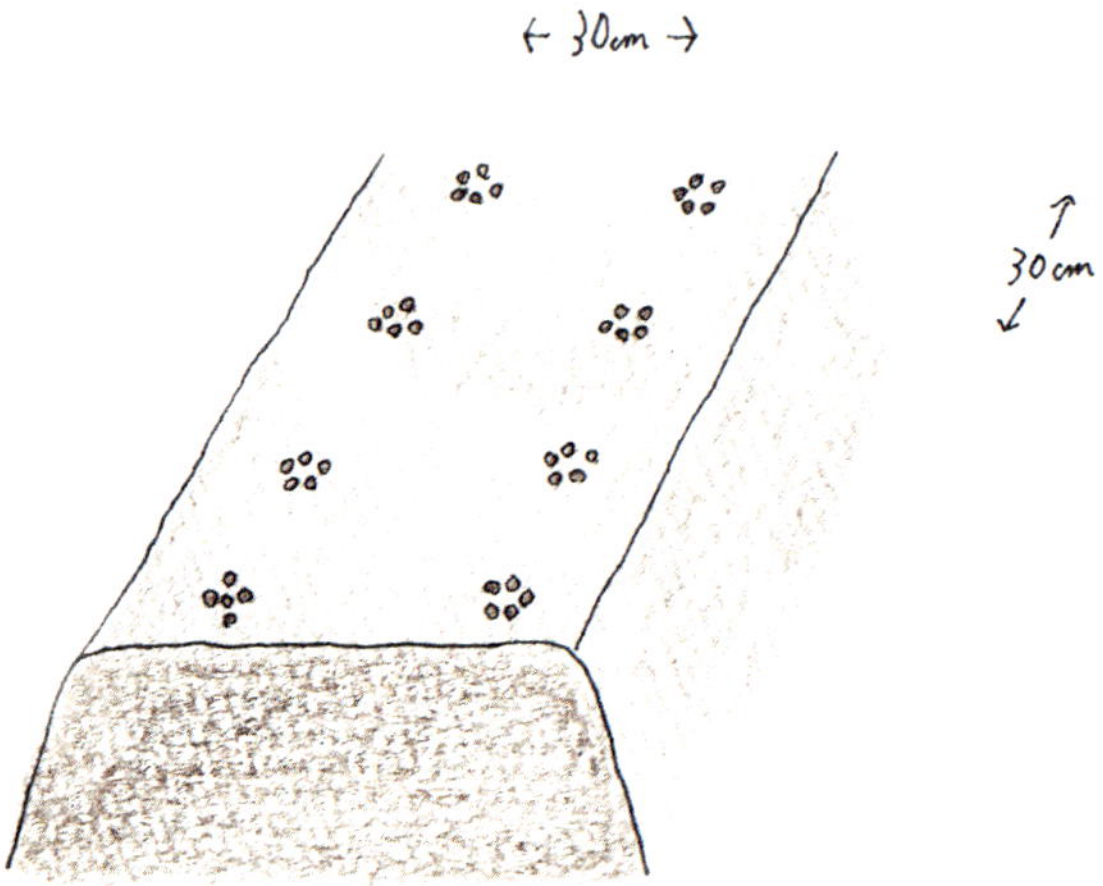

3. 株間30㎝間隔で1カ所5粒の種をまく。覆土は種が隠れる程度で、最後にやさしく水やりする。発芽するまで土を乾かさないようにする

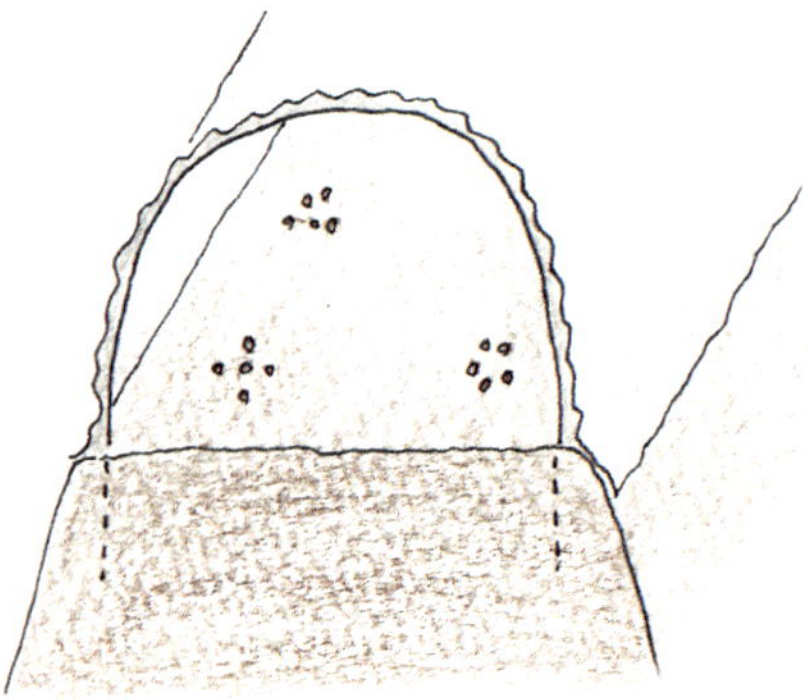

4. 種まき直後から防虫ネットをかける

5 発芽して本葉が出てきたら、5本を3本に間引きする。その時に1㎡にひと握りの粉状の醗酵油かすをバラまく。地表面が固くなってくるので、移植ゴテ等で地表深さ1～2cmを耕す

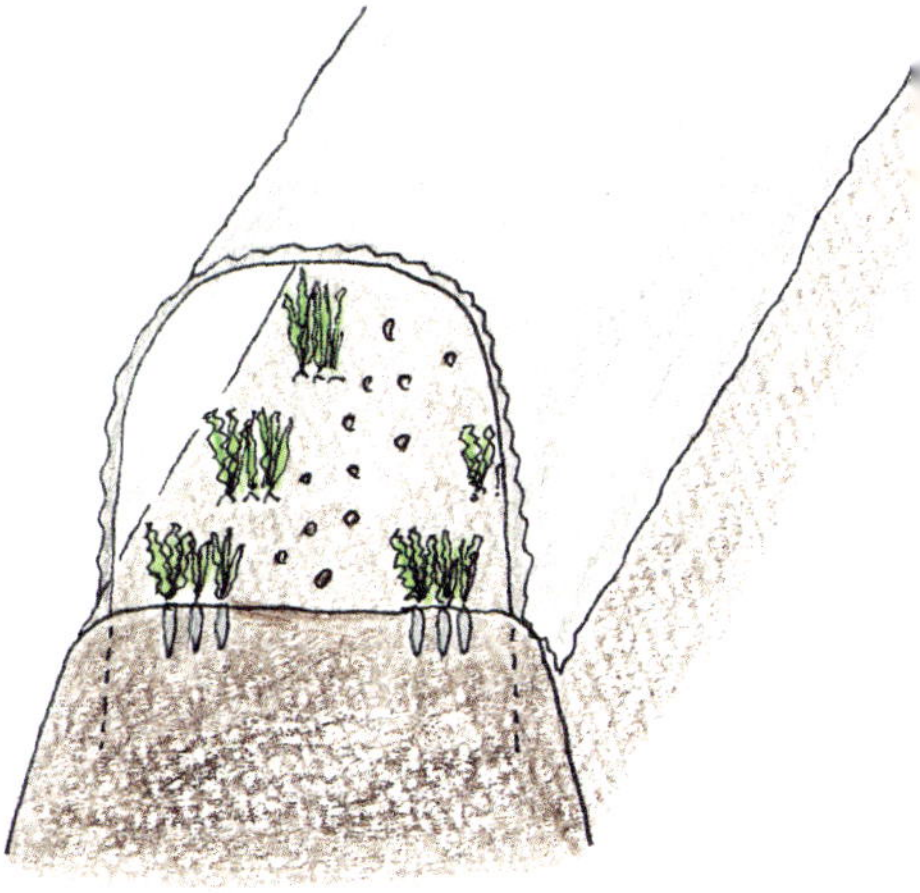

6 本葉5～6枚で1本に間引きする。防虫ネットをはずす。その時に1本に半握りの粉状の醗酵油かすを株元にバラまく。地表面が固くなっていれば、移植ゴテ等で地表深さ1～2cmを耕す

収穫適期の様子

7 上にのびていた葉が外側に開いてきたら収穫適期。春の種まきは、5月～6月、秋の種まきは12月～2月頃収穫できる

29

根菜類

コカブ

アブラナ科

Little Turnip

1 春の種まきは、3月中旬～下旬、秋の種まきは9月中旬～下旬に行う

2 菜園にバーク堆肥をすき込み、よく耕す（1㎡に20ℓくらい）

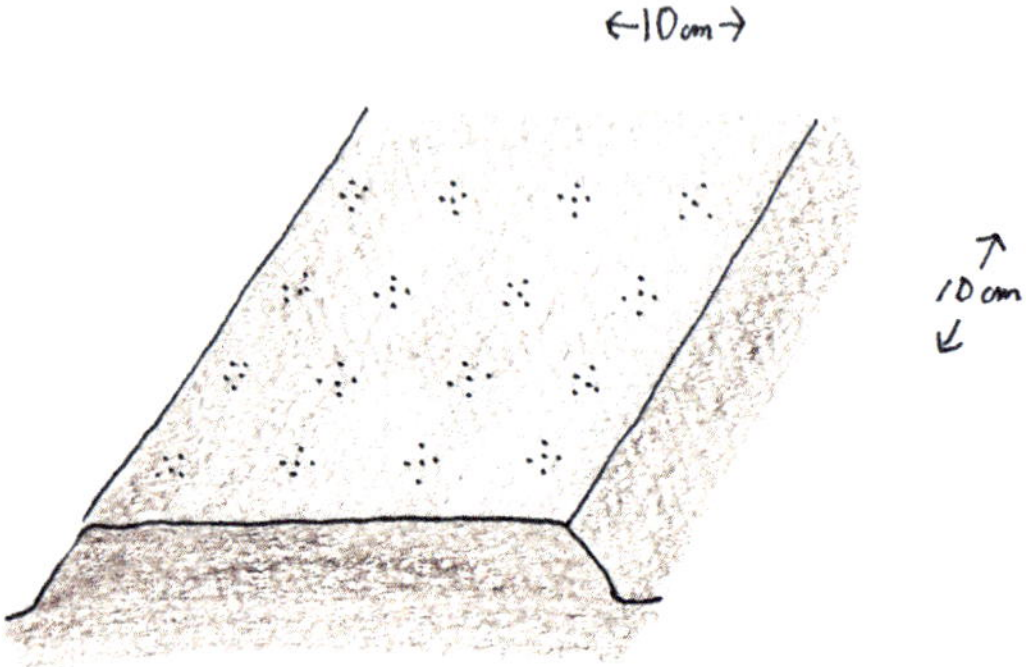

3 株間10cm間隔で1カ所5粒の種をまく。覆土は種が隠れる程度で、最後にやさしく水やりする。発芽するまで土を乾かさないようにする

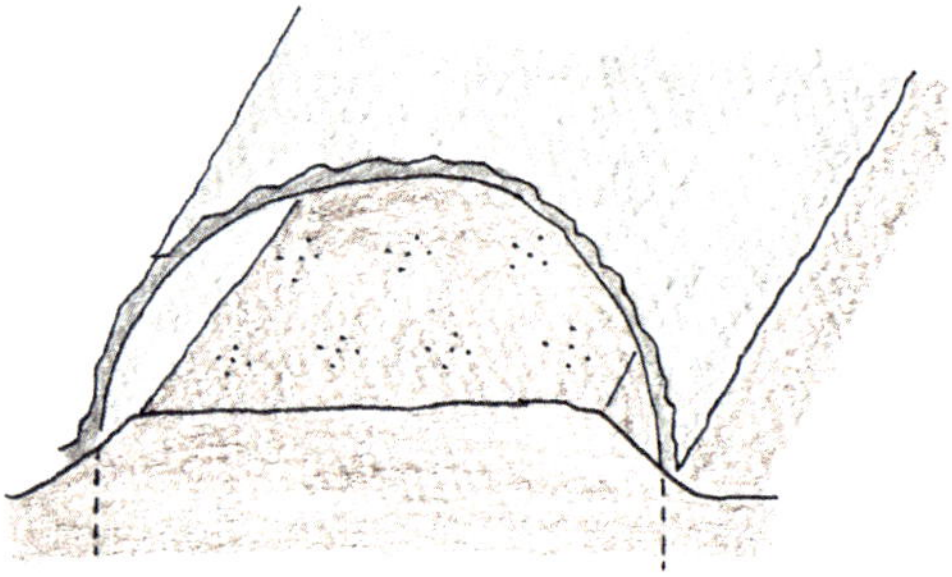

4 種まき直後から防虫ネットをかける

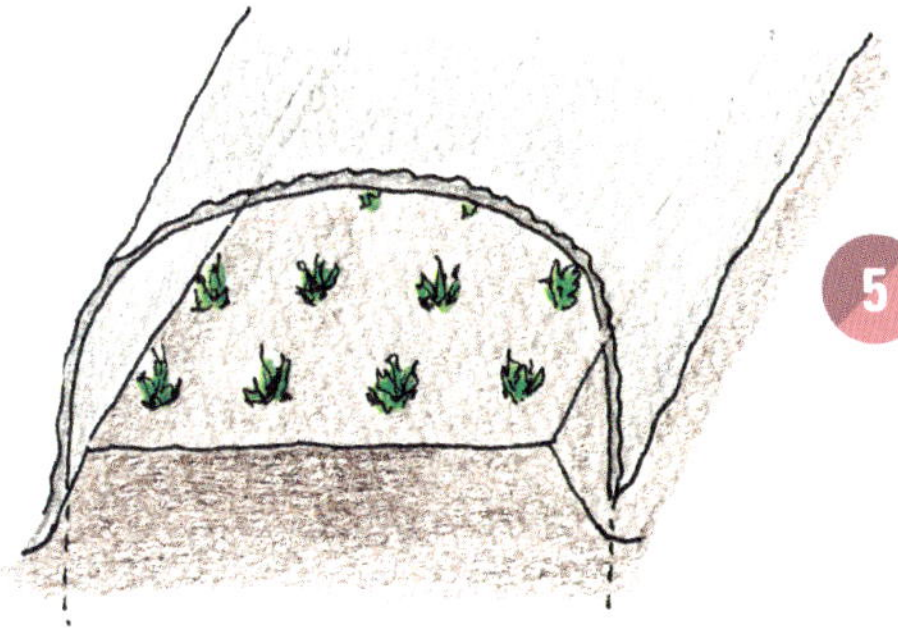

5 発芽して本葉が出てきたら、5本を3本に間引きする。その時に1㎡にひと握りの粉状の醗酵油かすをバラまく。地表面が固くなってくるので、移植ゴテ等で地表深さ1～2㎝を耕す

6 本葉5～6枚で1本に間引きする。その時に1本に半握りの粉状の醗酵油かすを株元にバラまく。地表面が固くなっていれば、移植ゴテ等で地表深さ1～2㎝を耕す。防虫ネットをはずす

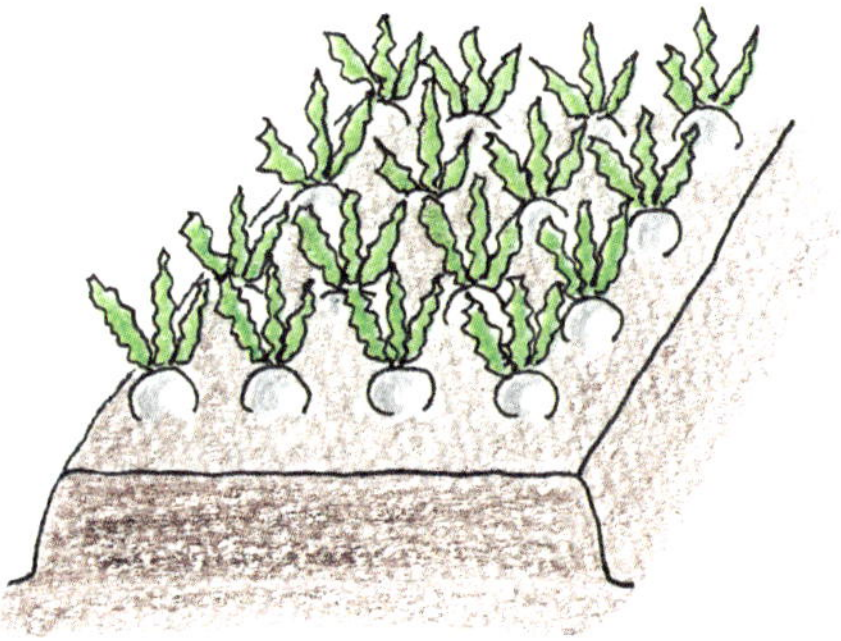

7 春の種まきは、5月、秋の種まきは11月頃収穫できる。若いうちは葉もおいしい

Carrot

30

根菜類

ニンジン

セリ科

1 春まきは3月中旬～下旬、夏まきは8月下旬～9月上旬に種まきをする。種まきの前日に種を水に浸け、まく直前にザルなどで水を切る

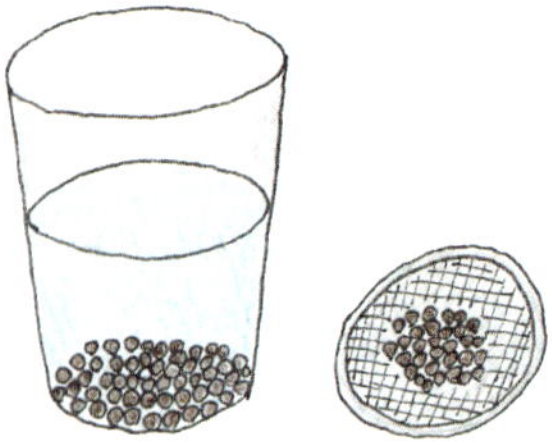

2 菜園を良く耕す。土が固いようならバーク堆肥をすき込む。1㎡に10ℓくらい。その後、土を十分湿らせる

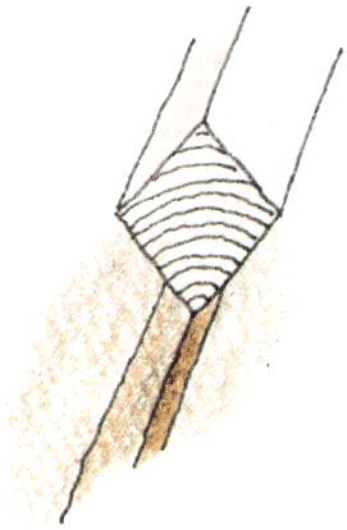

3 畝に深さ1cmの溝を作る。イラストのような木っ端を使う方法もある

4 種を溝の底に1cmピッチで並べる

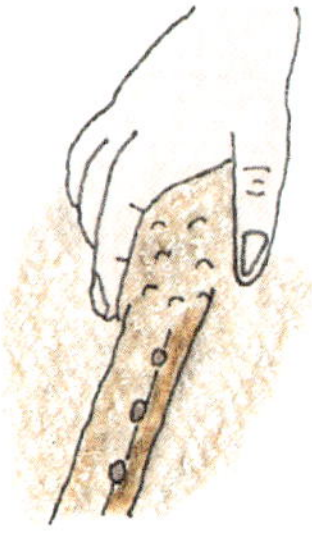

5 軽く土を被せて、土と種が流れないようにやさしく水やりをする。発芽まで土を乾かさないようにする

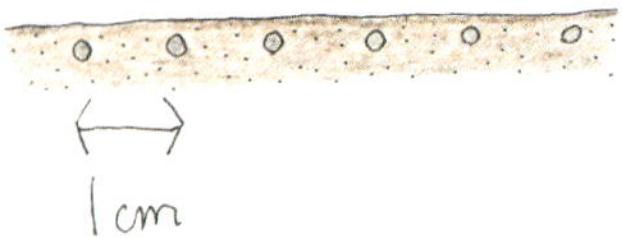

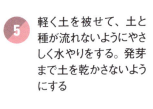

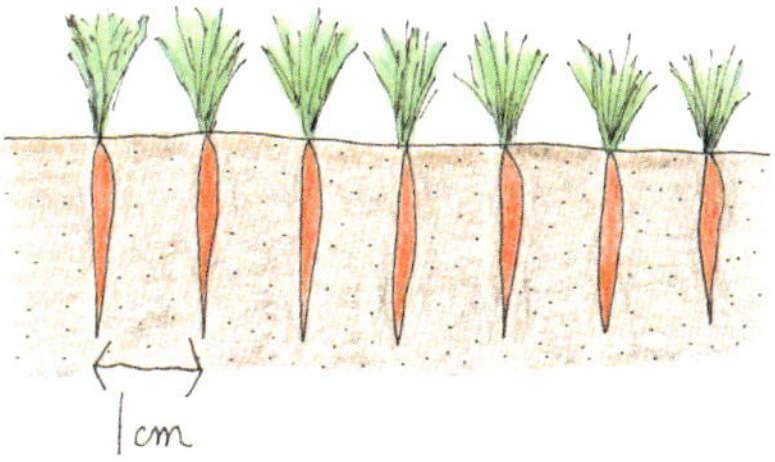

6 2週間程度で発芽する

7 葉が触れ合うようになったら、2㎝間隔に間引する。その時に、追肥として粉末の醗酵油かすを1㎡100g（2〜3握り）株元にバラまく

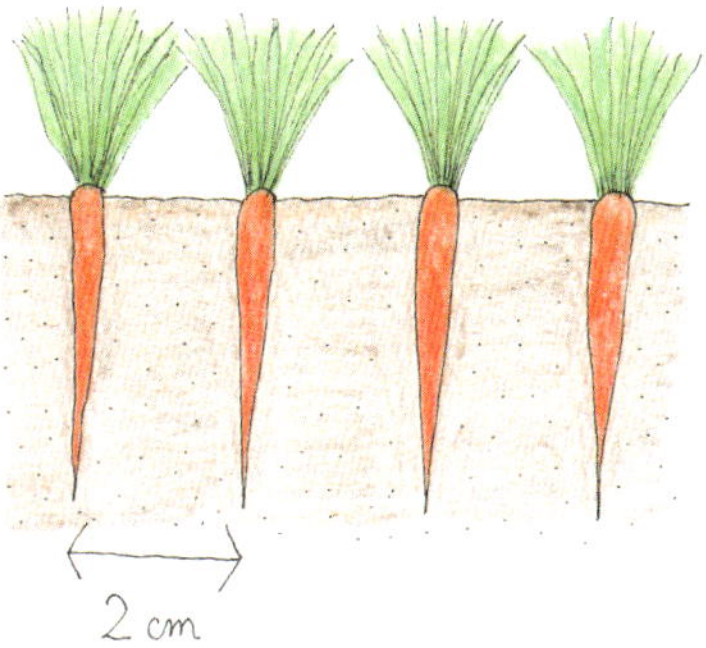

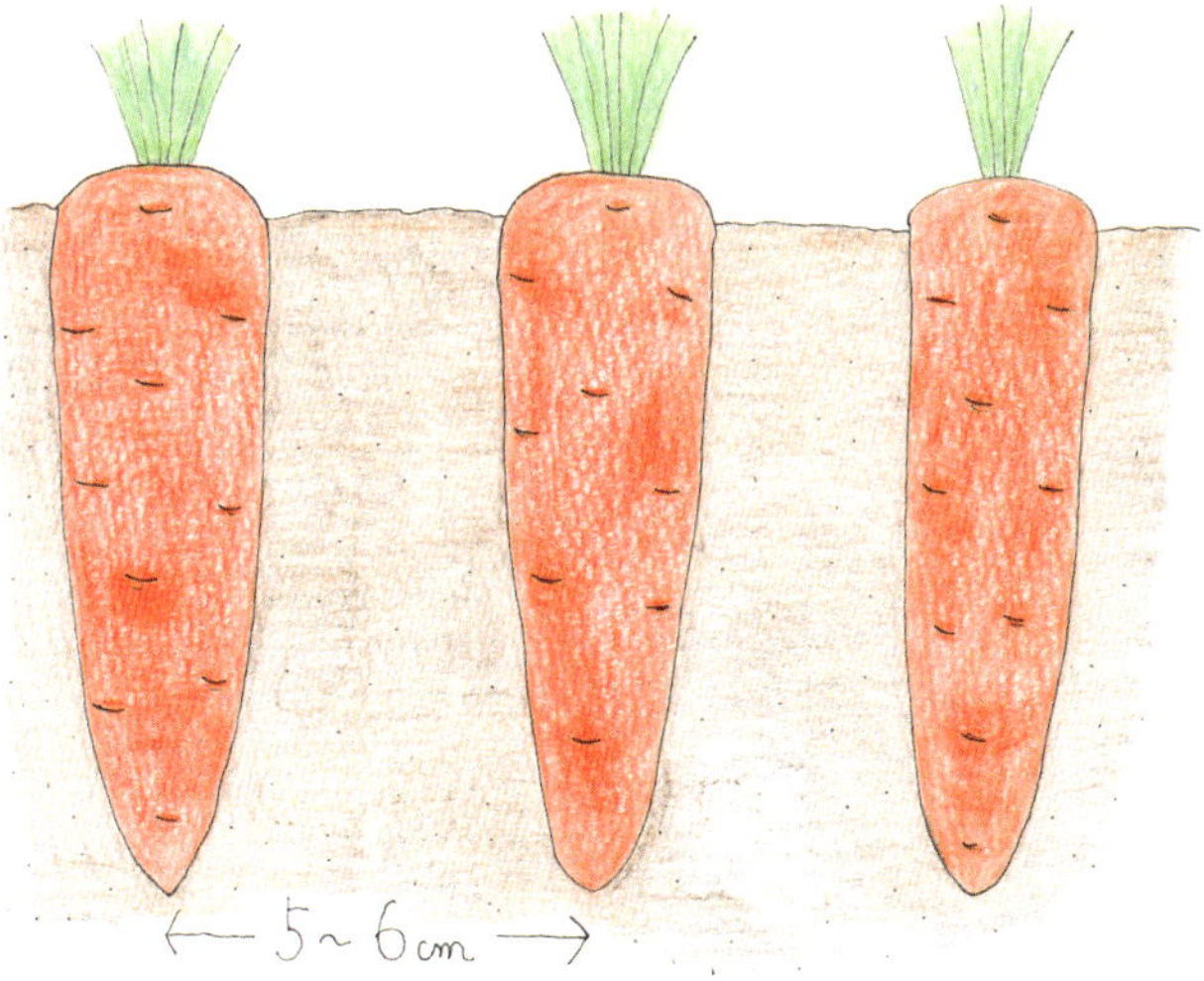

8 その後、葉が触れ合うごとに間引きをし、最終株間を5〜6㎝にする。その都度、追肥を⑦と同じようにする。食べる分だけ順次収穫する

あとがき

私が自給自足する理由

日本の食料自給率はカロリーベースで現在38％程度です。これを私を含め、世の人がすぐに変えることは、なかなか難しいと思います。しかし、わが家の食料自給率アップに限定するならどうでしょうか？　今日からでも変えていけるのではないか。実は私は16年前、そのように考えました。無理すれば長続きしないので、プランターひとつからマイネギづくりを始め、今では４００坪以上の田畑を自宅近くの農家さんから借りて、仕事の合間に耕し、家族５人分のお米と野菜を作るまでになっています。スタートから数年でわが家の食料自給率は80％以上になり、これを維持しています。

本の冒頭にも書きましたが、私は農業経験はありません。そんな私でもお米づくりや野菜づくりができるのはなぜでしょうか。それは、自給自足は農業のように「商品」を作るのではなく、「食料」を作ることだからだと考えています。つまり、商品ではありえない結球していないハクサイでも、虫にはじっこをかじられた跡があるシイタケでも、わが家では立派に食卓にのぼるのです。だから私は日頃から講演会で「農業と家庭菜園はまったく別のもの」と話しています。

ところで、お米や野菜づくりをしていると、自然を常に意識して暮らすようになります。恵みの雨もあれば、作物には脅威となる雨もある。穏やかな日差しもあれば、刺すような日差しもある。虫の被害もある。ただ、私の住んでいる奈良市は、1年中何かの種や苗を植え付けることができる恵まれた土地です。日々いろんなことがあっても、気晴らしに外に出て新たな種や苗を植え付けてみると……。数カ月後の豊かな収穫を想像すると、何だか顔がほころんでいる自分に気づくのです。

また、お米や野菜づくりは自分と他者との橋渡しになっています。よく私は、私と同じようにお米や野菜を作っている人たちに、余ってしまった苗や自分で作った野菜を差し上げることがあります。置いておいても無駄にするだけですからね。すると今度は、「畑さんこれ作ってなかったよね～」と別の野菜や果物などをいただくのです。私が差し上げた野菜が見事に変身！　調理されて返って来ることもあります。これって物々交換。しかも、とっても心がこもっている。もちろん、買ったものをくださる方もいらっしゃいますよ。その方たちは、ただの野菜じゃなくて、私＝はたあきひろが作った野菜ということに、とても価値を見い出してくださるようで、あの野菜でこんなにいただいちゃって良いのかなぁ、なんて恐縮することもあります。私の気がつかない間に、私のために時間を使ってああだこうだと考えて用意していてくださったことを、プレゼントを受け取った瞬間にいただいたもののもさることながら、その気持ちに思いを馳せたとき、私の心は幸せだと思うのです。

はたあきひろ

コップひとつからはじめる

自給自足の野菜づくり百科

発行日　2019年5月7日　第1刷
2024年4月15日　第6刷

著者　はたあきひろ

発行者　清田名人

発行所　株式会社内外出版社
〒110-8578　東京都台東区東上野2-1-11
電話03-5830-0237（編集部）
電話03-5830-0368（企画販売局）

印刷・製本　中央精版印刷株式会社

編集協力　押田雅博（押田編集研究所）
デザイン　山内なつ子（しろいろ）

ISBN 978-4-86257-463-3